Germanias Albträume – Eine demometrische Diagnose

FÜR
RONALD P.
ZUR
STATISTISCHEN
ERBAUUNG

[illegible]

Finanzwirtschaft
Finanzdienstleistungen
Empirische Wirtschaftsforschung

herausgegeben von
Wilhelm SCHMEISSER · Horst ZÜNDORF · Peter ECKSTEIN

Band 4

Peter P. Eckstein

Germanias Albträume

Eine demometrische Diagnose

Rainer Hampp Verlag München und Mering 2006

Bibliografische Information Der Deutschen Bibliothek

Die Deutsche Bibliothek verzeichnet diese Publikation in der Deutschen Nationalbibliografie; detaillierte bibliografische Daten sind im Internet über http://dnb.ddb.de abrufbar.

ISBN: 3-86618-054-3
Finanzwirtschaft, Finanzdienstleistungen, empirische Wirtschaftsforschung: ISSN 1861-0811
1. Auflage, 2006

Meringerzeller Str. 10 D – 86415 Mering

www.Hampp-Verlag.de

∞ *Dieses Buch ist auf säurefreiem und chlorfrei gebleichtem Papier gedruckt.*

Liebe Leserinnen und Leser!
Wir wollen Ihnen ein gutes Buch liefern. Wenn Sie aus irgendwelchen Gründen nicht zufrieden sind, wenden Sie sich bitte an uns.

Vorwort

Das vorliegende Essay ist einem Problemkreis gewidmet, der in der deutschen Gesellschaft erst in jüngster Zeit offen, breit und kontrovers diskutiert wird und daher in logischer Konsequenz auch eine entsprechende Reflexion und eine höhere Aufmerksamkeit in den Medien erfährt: Es ist die prekäre demografische Situation, in der sich die deutsche Gesellschaft nicht nur eingangs des 21. Jahrhunderts befindet, sondern vermutlich auch in den kommenden Jahrzehnten befinden wird. Abgesehen von vergleichsweise wenigen wissenschaftlichen Arbeiten und publizistischen Abhandlungen, die bisher gleichsam wie Kassandrarufe im alltäglichen gesellschaftlichen und politischen Treiben ungehört verhallten, scheint nunmehr die deutsche Gesellschaft die demografische Zwickmühle, in die sie im Verlaufe der vergangenen vierzig Jahre Schritt für Schritt selbstverschuldet geraten ist, mit Erschrecken wahrzunehmen. Steter Geburtenrückgang, zunehmende Alterung der Bevölkerung, überlastete soziale Sicherungssysteme, Zuwanderung und eine alles andere als erfolgreiche Integration sind nur einige derjenigen Schlagwörter, die wie Gespenster in den Überschriften von Zeitungskolumnen, Zeitschriften-, Rundfunk- oder Fernsehbeiträgen herumgeistern und nicht nur aufklärende, sondern mitunter auch beängstigende Wirkung zeigen.

Ich selbst habe in den vergangenen Jahren sowohl in wissenschaftlichen Vorträgen als auch in meinen sogenannten Weihnachtsvorlesungen, die ich traditionell jeweils im Rahmen der obligatorischen Vorlesungen zur Stochastik und zur Induktiven Statistik vor Studierenden in den wirtschaftswissenschaftlichen Studiengängen halte, diesen Problemkreis aufgegriffen. Wissbegierige Studierende und interessierte Vertreter aus Wissenschaft, Wirtschaft und Verwaltung haben mich angeregt und ermutigt, diese Vorlesungsinhalte in einem Essay „schwarz auf weiß" zu Papier zu bringen. Dies ist hiermit geschehen.

Der etwas ungewöhnlich anmutende Titel des Essays ist identisch mit der eingangs erwähnten Weihnachtsvorlesung, die ich im Wintersemester 2005/06 am Fachbereich Wirtschaftswissenschaften I der Hochschule für Technik und Wirtschaft Berlin gehalten habe. Gleichsam wie in einem Kolossalgemälde werden Germanias Albträume, die in der demografischen Schieflage der deutschen Gesellschaft wurzeln, allegorisch dargestellt, zahlenmäßig untermauert und demometrisch diagnostiziert. Germania ist dabei die sinnbildliche und weibliche Personifikation Deutschlands. Es steht außer Zweifel, dass das Essay keineswegs die ganze Breite und Vielschichtigkeit der demografischen Situation, in der sich die deutsche Gesellschaft von heute befindet, bis in den letzten Winkel ausloten kann. Die essayistischen Abhandlungen folgen in erster Linie einem bildungsorientierten Ansatz, in welchem neben historischen und sachlogischen Betrachtungen vor allem bevölkerungsstatistische Analysen im Vordergrund stehen.

In logischer Konsequenz beinhaltet daher das erste Kapitel einige historische Notizen zur Statistik. Im zweiten Kapitel wird der Altersaufbau der deutschen Bevölkerung im Jahr 2003 beschrieben und zugleich belegt, dass man in diesem scheinbar nüchternen geschlechtsspezifischen Histogramm aufschlussreich lesen kann wie in einem Almanach deutscher Geschichte des 20. Jahrhunderts. Das dritte Kapitel verfolgt das Ziel, die exakten Geheimnisse einer Sterbetafel zu ergründen, die in Anlehnung an den angelsächsischen Sprachgebrauch trefflicher als Lebenstafel bezeichnet werden sollte. Im vierten Kapitel werden die „Ecksteine" der Bevölkerungsreproduktion vor allem aus bevölkerungsstatistischer Sicht skizziert und erläutert. Während das dritte und das vierte Kapitel Phänomene der sogenannten natürlichen Bevölkerungsbewegung umreißen, hat das fünfte Kapitel elementare Aspekte der Bevölkerungsmigration zum Gegenstand, die in der Bevölkerungsstatistik unter dem Begriff der räumlichen Bevölkerungsbewegung gefasst wird. Im sechsten Kapitel wird das Simulationsmodell vorgestellt, das eigens zur bildhaften und zahlenmäßigen Untermauerung der Bevölkerungsprojektionen von mir konstruiert und programmiert wurde. Das siebente Kapitel beinhaltet die grafische Darstellung und die sachlogische Interpretation der sogenannten Status-quo- und Wunschtraum-Szenarien zur Entwicklung der deutschen Bevölkerung. Das Kernstück der vorliegenden Abhandlung bilden zweifelsfrei Germanias Albträume, die im Kontext des achten Kapitels allegorisch gedeutet, zahlenmäßig unterlegt und demometrisch diagnostiziert werden. Gleichsam wie im dramatischen Theater, in dem ausgangs eines Dramas ein Schauspieler aufmunternde Schlussworte an das Publikum richtet, folgt im neunten und letzten Kapitel ein demometrischer Epilog, der „mit Augenzwinkern" durchaus als eine professorale und nachahmenswerte Handlungsempfehlung (und dies nicht nur für Studierende) aufgefasst werden kann und soll.

Schließlich und endlich ist im Anhang ein Fachbegriffs- und Fremdwörterverzeichnis beigefügt, welches das Verständnis der in der Regel historisch gewachsenen und vor allem aus der lateinischen, der griechischen und der englischen Sprache entlehnten Fachtermini erleichtern soll.

Inwieweit allerdings das vorliegende Essay im wahren Sinn des Wortes eine Abhandlung in knapper, geistvoller und allgemeinverständlicher Form darstellt, bleibt dem kritischen Urteil des interessierten Lesers überlassen. Zumindest war es die Intension des Verfassers.

Für meine Frau Regina

Hönow, im Mai 2006

Peter P. ECKSTEIN

Inhaltsverzeichnis

Abbildungs- und Tabellenverzeichnis

Zur besseren Orientierung und zum einfacheren Auffinden von Abbildungen und Tabellen, auf die im Essay Bezug genommen wird, gelten die folgende Vereinbarungen und Notationen:

Jede Abbildung bzw. Tabelle wird durch zwei Zahlen, die mittels eines Bindestriches getrennt sind, gekennzeichnet. Die erste Zahl markiert stets das jeweilige Kapitel, die zweite Zahl die Nummer der Abbildung bzw. Tabelle im jeweiligen Kapitel.

Demnach findet man zum Beispiel die Abbildung 8-1, welche die erwachende Germania und den Nachtmahr bildhaft darstellt, im Kapitel 8 mit der laufenden Nummer 1.

In der beigefügten Tabelle sind der Übersichtlichkeit halber die Kapitel-, Abbildungs- und Tabellennummerierungen sowie die Seitenzahlen zusammengefasst.

1 Historische Notizen zur Statistik

Materielle Statistik. Die Abbildung 1-1 beihaltet das Faksimile von Originaltextseiten des Weihnachtsoratoriums von Johann Sebastian BACH (1685-1750) aus dem Jahr 1734, das zu Zeiten des Genius der spätbarocken Musik traditionell „... in der Frühe zu Sankt Nicolai und Nachmittage zu Sankt Thomae in den beyden Haupt-Kirchen zu Leipzig musiciret wurde." BACH lässt in Anlehnung an das Biblische Geschichtsbuch nach LUKAS in der ersten Kantate seines Weihnachtsoratoriums nach dem Eingangschor „Jauchzet, frohlocket ..." den Evangelisten in einem Tenor-Rezitativ mitteilen, „... dass ein Gebot vom Kaiser Augusto ausging, dass alle Welt geschätzet würde. Und jedermann ging, dass er sich schätzen ließe, ein jeglicher in seine Stadt."

Abbildung 1-1: Faksimile BACH´sches Weihnachtsoratorium[1]

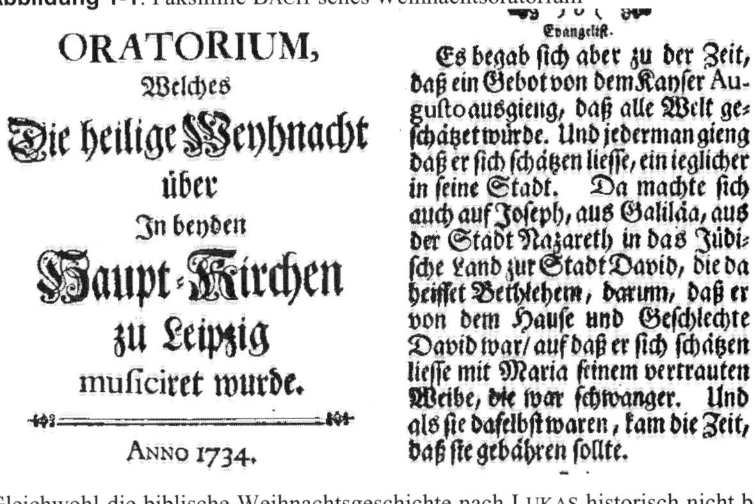
ORATORIUM,
Welches
Die heilige Weyhnacht
über
In beyden
Haupt-Kirchen
zu Leipzig
musiciret wurde.
ANNO 1734.

Evangelist.
Es begab sich aber zu der Zeit,
daß ein Gebot von dem Kayser Au-
gusto ausgieng, daß alle Welt ge-
schätzet würde. Und jederman gieng
daß er sich schätzen liesse, ein ieglicher
in seine Stadt. Da machte sich
auch auf Joseph, aus Galiläa, aus
der Stadt Nazareth in das Jüdi-
sche Land zur Stadt David, die da
heisset Bethlehem, darum, daß er
von dem Hause und Geschlechte
David war/ auf daß er sich schätzen
liesse mit Maria seinem vertrauten
Weibe, die war schwanger. Und
als sie daselbst waren, kam die Zeit,
daß sie gebähren sollte.

Gleichwohl die biblische Weihnachtsgeschichte nach LUKAS historisch nicht belegt ist, eignet sie sich dennoch vorzüglich zur Erleuchtung einer der historischen Quellen der modernen Statistik und der modernen Demografie, der sogenannten materiellen Statistik. Wann, wo und wie auch immer Menschen in einem Gemeinwesen lebten, sie bedurften zu dessen Verwaltung stets Kenntnisse über seine elementaren inneren Strukturen sowie über seine natürlichen und seine räumlichen Veränderungen. Das Motiv der Volkszählung, die in der Weihnachtsgeschichte erwähnt wird, liegt daher auf der Hand: Der römische Landpfleger CYRENIUS konnte sich anhand dieser „Schätzung" z.B. nicht nur einen Überblick

[1] Quelle: Begleittext zum Weihnachtsoratorium, Deutsche Schallplatten GmbH, Berlin 1992

über die Anzahl der waffenfähigen Männer, sondern auch über die Anzahl der steuerpflichtigen Bevölkerung in Judäa verschaffen. Erwähnenswert ist in diesem Zusammenhang gleichsam die allegorische Darstellung dessen, was heute in der modernen Bevölkerungsstatistik unter dem Begriff der räumlichen und der natürlichen Bevölkerungsbewegung subsumiert wird: „Da machte sich auch auf Joseph aus Galiläa ... in das jüdische Land zur Stadt David, die da heißet Bethlehem ..., daß er sich schätzen ließe mit Maria, seinem vertrauten Weibe, die war schwanger. Und als sie da selbst waren, kam die Zeit, daß sie gebären sollte." Bemerkenswert ist in diesem Zusammenhang, dass im Unterschied zur biblischen Weihnachtsgeschichte nach LUKAS der römische Zensus, der ihr zugrunde liegt, historisch verbrieft ist. Die synonyme Verwendung des Begriffs „Zensus" für die Bevölkerungszählung eines bestimmten Territoriums findet ihren Ursprung in der Vermögensschätzung der freien Bürger des alten Roms und ihrer Erfassung in sogenannten Steuerlisten unter Angabe ihres vollständigen Namens und ihres Wohn- bzw. Heimatortes.

Universitätsstatistik. Interessant ist dabei, dass der heute allseits geläufige Begriff „Statistik" allerdings erst ausgangs des 17. Jahrhunderts und eingangs des 18. Jahrhunderts in den Vorlesungstiteln deutscher Universitätsprofessoren auftaucht, die traditionell ihre Kollegien in lateinischer Sprache ministrierten. Der wohl bekannteste Vertreter der sogenannten deutschen Universitätsstatistik, die als eine zweite historische Quelle der modernen Statistik angesehen werden kann, ist Gottfried ACHENWALL (1719-1772), der als Ordinarius für „Staatenkunde" an der Universität Göttingen lehrte und im Jahre 1748 begann, seine Kollegien zu den „Staatsmerkwürdigkeiten" mit dem originären lateinischen Titel „Noticia politica vulgo statistica" zu versehen und zu lesen. ACHENWALL bezeichnete erstmalig sein Kolleg als Statistik, weshalb ihm in der einschlägigen historischen Literatur auch der Ehrenname „Vater der Statistik" verliehen wurde.[2] Der etymologische Ursprung des Begriffs „Statistik" liegt letztlich in der Zustandsbeschreibung eines Staates bzw. von „Land und Leuten" und koinzidiert mit den eingangs skizzierten Vorgängen und Zielstellungen der sogenannten materiellen Statistik. Die „verstaubte" Kathederlehre der Universitätsstatistiker erfuhr allerdings eingangs des 18. Jahrhunderts eine „erfrischende" und anfangs von den Universitätsstatistikern schärfstens befehdete Konkurrenz: die politischen Arithmetiker.

Politische Arithmetik. Im Unterschied zu der verbalen Kathederlehre der deutschen Universitätsstatistiker mit ihren vorrangig theoretischen Arbeiten zu den Staatsmerkwürdigkeiten waren die sogenannten politischen Arithmetiker mit

---

[2] vgl. VON TYSZKA, Carl: Statistik, Teil I: Theorie, Methode und Geschichte der Statistik, Gustav Fischer Verlag, Jena 1924, Seite 84 ff

Hilfe von Zahlen auf der Suche nach den Gesetzmäßigkeiten sozialer und wirtschaftlicher Zustände und Vorgänge. Der wohl bekannteste deutsche Vertreter der sogenannten Politischen Arithmetik, die als eine dritte historische Quelle der modernen Statistik angesehen werden kann, war der Brandenburg-preußische Feldprediger und spätere Probst zu Berlin-Cölln Johann Peter SÜßMILCH (1707-1767). SÜßMILCH erbat sich von seinen Pastorenkollegen aus insgesamt 1068 Dörfern der Kurmark Kirchenbuchauszüge über Taufen, Trauungen und Sterbefälle und fasste seine fundamentalen und im Wesentlichen heute noch gültigen bevölkerungsstatistischen Erkenntnisse in seiner faszinierenden „Göttlichen Ordnung“[3] zusammen, deren Titelblatt in der Ausgabe aus dem Jahr 1741 als Faksimile in der Abbildung 1-2 dargestellt ist.

Abbildung 1-2: SÜßMILCH-Porträt[4] und Faksimile seiner „Göttlichen Ordnung“

Die göttliche
Ordnung
in den Veränderungen
des menschlichen
Geschlechts,
aus
der Geburt, Tod, und
Fortpflanzung
desselben
erwiesen von
Johann Peter Süßmilch,
Prediger beym hochlöblichen Kalcksteinischen
Regiment.

Nebst einer Vorrede
Herrn Christian Wolffens.

Berlin,
Zu finden bey J. C. Spener.
1741.

Bereits in der „Vorrede des Verfassers“, in der SÜßMILCH den Leser in seine Gedankenwelt einführt, vermag er diesen mittels seiner theologisch und allegorisch

3 SÜßMILCH, Johann Peter: Die göttliche Ordnung in den Veränderungen des menschlichen Geschlechts, aus der Geburt, Tod, Fortpflanzung desselben erwiesen von Johann Peter Süßmilch, Prediger beym hochlöblichen Kalcksteinischen Regiment. Nebst einer Vorrede Herrn Christian Wolffens. Berlin, zu finden bey J. C. Spener 1741, Faksimile der Originalausgabe

4 Quelle: BIRG, Herwig, Eckart ELSNER, Jacqueline HECHT: Über Johann Peter Süßmilchs „Göttliche Ordnung“, Verlag Wirtschaft und Finanzen Düsseldorf 2001, Seite 16

geprägten Sprache und durch sein geradezu modern anmutendes statistisches Denken zu fesseln, wenn er konstatiert: „Alles ist hieben nach gewissen Zahlen und Verhältnissen eingerichtet. Die Menschen werden gebohren und sterben, aber allezeit in einer gewissen Verhältniß. Es werden Kinder, Söhne und Töchter durcheinander, geboren, aber ohne Verletzung der einmal von der Vorsehung beliebten Ordnung. Die Menschen sterben in Ansehung des Alters dem ersten Anblick nach ganz unordentlich untereinander, bey genauerer Wahrnehmung aber gleichfalls nach einer bestimmten Verhältniß. Da nun zu dem allen der Mensch wenig oder nichts beyträget, und ein ohngefehrer Zufall ein verlachungswürdiges Unding ist: so werden wird dadurch in dieser Wahrheit bevestiget, dass Gott für das menschliche Geschlecht Sorge trage.“ [5] Weitere Kernaussagen des SÜßMILCHschen Standardwerkes zur Politischen Arithmetik, worin vor allem die Betrachtungen zur Sexualproportion eingeschlossen sind, bilden die Grundlage für die Konstruktion von Modellbausteinen für das Simulationsmodell, das im sechsten Kapitel skizziert wird.

Stochastik. Der Vollständigkeit halber soll noch die Stochastik als eine vierte historische Quelle der modernen Statistik erwähnt werden, die im Unterschied zu den vorher erwähnten drei Quellen losgelöst von realen wirtschaftlichen und sozialen Phänomen ihren Ursprung in theoretischen Abhandlungen über das Glücksspiel hat. Ihr Kernstück ist die Wahrscheinlichkeitstheorie, die neben Verfahren und Modellen zur mathematisch-statistischen Beschreibung von zufälligen Ereignissen mit Hilfe von Wahrscheinlichkeiten auch Aussagen über deren Gesetzmäßigkeiten liefert und ohne deren Axiome, Methoden und Modelle heute keine Entscheidungsfindung unter Risiko mehr denkbar erscheint, unabhängig davon, ob es sich um Entscheidungsprozesse in Natur-, Ingenieur-, Wirtschafts- oder Sozialwissenschaften handelt. Als einer der „geistigen Väter“ der Stochastik gilt der schweizerische Mathematiker Jacob BERNOULLI (1654–1705), der erstmalig in seinem 1708 postum erschienenen Buch „Ars Conjectandi“ der „Kunst des Vermutens“ eine universelle Bedeutung zukommen lässt, die weit über die Glücksspiele hinausreicht und somit eine der Grundlagen der Wahrscheinlichkeitsrechnung bildet. Nicht unerwähnt bleiben darf in diesem Zusammenhang der russische Mathematiker Andrej Nikolajewitsch KOLMOGOROV (1903–1987), der in seiner Dissertation, die er 1933 an der Berliner Universität in deutscher Sprache einreichte, den axiomatischen Wahrscheinlichkeitsbegriff begründete und damit die theoretische Grundlage der modernen Stochastik und Wahrscheinlichkeitsrechnung legte. Die Kernaussage der drei KOLMOGOROVschen Axiome lässt sich wie folgt zusammenfassen: Die Wahrscheinlichkeit ist ein reellwertiges Maß für den Gewissheits- bzw. Ungewissheitsgrad des Eintretens eines zufälligen Er-

[5] SÜßMILCH, a.a.O., Seite 21 ff

eignisses. Sie kann nur Werte zwischen null und eins annehmen. Ein unmögliches Ereignis besitzt per Definition eine Wahrscheinlichkeit von null, ein sicheres Ereignis eine Wahrscheinlichkeit von eins.

Abbildung 1-3: BERNOULLI-Porträt und Faksimile zur „Ars Conjectandi“[6]

JACOBI BERNOULLI,
Profess. Basil. & utriusque Societ. Reg. Scientiar.
Gall. & Pruss. Sodal.
MATHEMATICI CELEBERRIMI,
ARS CONJECTANDI,
OPUS POSTHUMUM.
Accedit
TRACTATUS
DE SERIEBUS INFINITIS,
Et EPISTOLA Gallicè scripta
DE LUDO PILÆ
RETICULARIS.

BASILEÆ,
Impensis THURNISIORUM, Fratrum.
cIↃ IↃCC XIII.

Statistikbegriff. Aus den historischen Notizen zur Statistik kann schließlich und endlich der folgende moderne Statistikbegriff abgeleitet werden: Statistik ist die Bezeichnung für die Gesamtheit von Verfahren und Methoden zur Gewinnung, Erfassung, Aufbereitung, Analyse, Darstellung, Modellierung und Vorhersage von (möglichst) massenhaften, zähl-, mess- und systematisch beobachtbaren Daten über reale Sachverhalte zum Zwecke der Erkenntnisgewinnung und Entscheidungsfindung (meist unter Ungewissheit).[7]

Bevölkerungsstatistik. Als zweifelsfrei eines der interessantesten Gebiete der Statistik kann sowohl aus historischer als auch aus aktueller Sicht die Bevölkerungsstatistik angesehen werden, in deren weitläufigem Feld die folgenden interessanten und aktuellen Betrachtungen zur Entwicklung der deutschen Bevölkerung angesiedelt sind. ♣

---

[6] Quelle: Kleine Enzyklopädie Mathematik, 10., völlig überarbeitete Auflage, VEB Bibliographisches Institut Leipzig 1977, Bilderanhang

[7] vgl. ECKSTEIN, Peter P.: Repetitorium Statistik, Deskriptive Statistik, Stochastik, Induktive Statistik, Lehrbuch, 5., vollständig überarbeitete und erweiterte Auflage, Gabler Verlag Wiesbaden 2003, Seite 2 ff

2 Der Altersaufbau der deutschen Bevölkerung

Bevölkerung. In der Amtlichen Statistik[8] wird die Menge aller deutschen und ausländischen Personen, die in der Bundesrepublik Deutschland zu einem bestimmten Zeitpunkt leben und gemeldet sind, als deutsche Bevölkerung ausgewiesen. Demnach lebten im Jahresdurchschnitt 2003 in Deutschland insgesamt 82,5 Millionen Personen, davon 40,4 Millionen männlichen und 42,2 Millionen weiblichen Geschlechts.

Altersaufbau. Die Abbildung 2-1 skizziert den Altersaufbau der Bevölkerung Deutschlands im Jahr 2003.

Abbildung 2-1: Altersaufbau der deutschen Bevölkerung 2003[9]

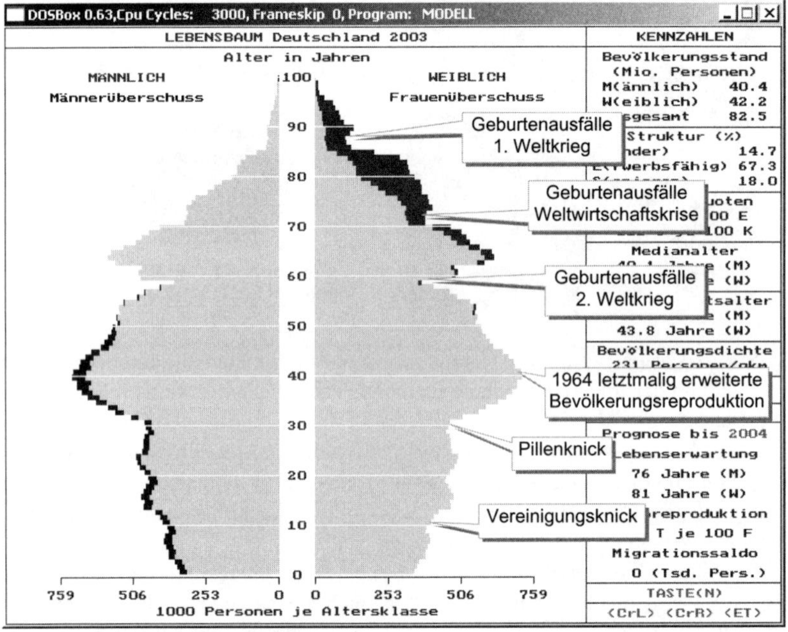

Der Altersaufbau im Jahr 2003, der in seiner grafischen Darstellung wegen seiner „Baumgestalt" auch als „Lebensbaum" der deutschen Bevölkerung bezeichnet wird, besteht aus statistisch-methodischer Sicht aus zwei geschlechtsspezifischen

[8] vgl. Statistisches Bundesamt, Fachserie 1: Bevölkerung und Erwerbstätigkeit, Reihe 1: Gebiet und Bevölkerung 1997, Verlag Metzler-Poeschel, Stuttgart 1999

[9] Die abgebildete Grafik ist das Eröffnungsbild eines vom Autor konstruierten Simulationsmodells, dessen Funktionsweise und Komponenten im sechsten Kapitel beschrieben werden.

Histogrammen[10], die jeweils die empirisch beobachtete und grafisch dargestellte Verteilung der männlichen bzw. der weiblichen Bevölkerung auf die entsprechenden Altersklassen zum Gegenstand haben. Dabei sind auf der zweigeteilten Abszisse für die jeweiligen Altersklassen die geschlechtsspezifischen absoluten Häufigkeitsdichten (Angaben jeweils in 1000 Personen je Altersjahr) und auf der Ordinate die Altersklassen mit der äquidistanten Breite von einem Altersjahr abgetragen, die einen Zeithorizont von insgesamt 100 Jahren umspannen. So einfach und nüchtern diese beiden geschlechtsspezifischen und flächenproportionalen Histogramme auch erscheinen mögen, ihre im SCHILLERschen Sinne innewohnende „schaffende Gewalt, die sprossend eine Welt aus sich geboren“[11] hat, ist beeindruckend und faszinierend zugleich: 82 Millionen Einzelinformationen wurden im Sinne der Deskriptiven Statistik so aufbereitet und aggregiert, dass für Deutschland im Jahr 2003 die Altersverteilung der Bevölkerung in ihrer Gliederung nach dem Geschlecht mit Hilfe eines schlichten Diagramms bildhaft dargestellt werden kann.

Almanach. Bemerkenswert ist in diesem Zusammenhang, dass der 2003er Lebensbaum gleichsam als ein Almanach deutscher Geschichte des 20. Jahrhundert angesehen werden kann mit all seinen im Sinne einer stabilen Bevölkerungsreproduktion schmerzlichen und „Aderlässen“ gleichenden Einschnitten. Stellvertretend für die Metapher von den „Kerben“, welche die jüngere deutsche Geschichte in den Lebensbaum der deutschen Bevölkerung „geschlagen“ hat, sollen in chronologischer Abfolge einmal nur die folgenden Ereignisse bzw. Zeiträume retrospektiv auf die Bühne des historischen Geschehens gezogen werden, die zudem in der Abbildung 2-1 stichwortartig vermerkt sind.

Erster Weltkrieg. Die Geburtenausfälle im Zuge des ersten Weltkrieges und insbesondere des verheerend wirkenden „Kohlrübenwinters“ im dritten Kriegsjahr 1917 sind selbst noch nach mehr als drei Generationen vor allem bei der weiblichen Bevölkerung der Jahrgänge 1915 bis 1919, also bei den Frauen, die im Jahr 2003 84 Jahre alt oder älter waren, augenscheinlich.

---

[10] Ein Histogramm ist die klassische Form der grafischen Präsentation der Häufigkeitsverteilung eines stetigen kardinalen und in Klassen zusammengefassten statistischen Erhebungsmerkmals. Das Konstruktionsprinzip eines Histogramms ist die sog. Flächenproportionalität, wonach die Häufigkeit einer Merkmalswerteklasse durch die Fläche einer rechteckigen Histogrammsäule repräsentiert wird. Die Fläche einer rechteckigen Histogrammsäule lässt sich als das Produkt aus der zugehörigen Klassenbreite (Säulenbreite) und der zugehörigen Häufigkeitsdichte (Säulenhöhe) rechnerisch und bildhaft darstellen. Für den Fall, dass ein Histogramm auf Klassen mit einer äquidistanten Breite von eins beruht, stimmen die Häufigkeitsdichten (und damit bildhaft die Säulenhöhen eines Histogramms) mit den Klassenhäufigkeiten überein.

[11] vgl. VON SCHILLER, Friedrich: Wallensteins Tod, 13. Aufzug, WALLENSTEIN: „Da hatt´ ich nichts mehr als mich selbst – doch was ein Mann kann wert sein, habt ihr schon erfahren. Den Schmuck der Zweige habt ihr abgehauen, da steh´ ich, ein entlaubter Stamm! Doch innen lebt die schaffende Gewalt, die sprossend eine Welt aus sich geboren.“

Weltwirtschaftskrise. Nicht zu übersehen sind ebenso die Geburtenausfälle in Folge der Weltwirtschaftskrise[12], wovon vor allem die Jahrgänge 1930 bis 1933 affiziert sind und im 2003er Lebensbaum durch die deutsche Bevölkerung im Alter von 70 bis 73 Jahren getragen werden.

Nationalsozialismus. Beachtenswert ist der Geburtenanstieg, der im dritten Reich im Zuge der nationalsozialistischen Bevölkerungspolitik[13] bis zum Ausbruch des zweiten Weltkrieges zu beobachten ist und durch die geburtenstarken Jahrgänge von 1934 bis 1940 getragen wird, die im 2003er Lebensbaum die Bevölkerung im Alter von 63 Jahren bis 69 Jahren umfassen.

---

[12] Am Anfang der Weltwirtschaftskrise steht der New Yorker Börsenkrach am 24. Oktober 1929. Von Ende 1929 bis Anfang 1933 stieg die Zahl der Erwerbslosen in Deutschland von einer Million auf über sechs Millionen. Das Alltagsleben breiter deutscher Bevölkerungsschichten ist durch eine Massenverelendung und durch eine Bevölkerungsimplosion gekennzeichnet.

[13] Bereits im Jahr 1933 ordnete die nationalsozialistische Regierung für das gesamte Deutsche Reich an, den zweiten Sonntag im Mai als Muttertag zur „körperlich-seelischen Veredlung des Familienlebens im völkischen Staat" feierlich zu begehen. Familiengründungen wurden vom nationalsozialistischen Staat durch sogenannte Ehestandsdarlehen unterstützt, die pro Kind zu einem Viertel erlassen wurden. Ende 1938 wurde durch die Nationalsozialistische Deutsche Arbeiterpartei das „Ehrenkreuz der Deutschen Mutter am blauweißen Band", kurz auch „Mutterkreuz" genannt, in den drei Stufen „Gold, Silber und Bronze" gestiftet, um die kinderreiche Mutter für ihren Einsatz von „Leib und Leben bei der Geburt und der Kinderaufzucht" zu ehren. Die Wertigkeit des Mutterkreuzes war von der Kinderanzahl abhängig: Ab vier Kindern wurde einer „deutschen Mutter" das bronzene, ab sechs Kinder das silberne und ab acht Kinder das goldene Mutterkreuz verliehen. In der Abbildung 2-2 ist die Familie einer mit dem goldenen Mutterkreuz geehrten Mutter sowie das Mutterkreuz (ohne blauweißes Band) dargestellt.

Abbildung 2-2: Mutterkreuz-Familie und Mutterkreuz

Die ideologisch überhöhte und theatralisch zelebrierte Verleihung des „Mutterkreuzes", die ab 1942 jeweils am Muttertag feierlich begangen wurde, war wohl weniger ein Akt der Würdigung als vielmehr ein Akt der Herabwürdigung der Frau zur Gebärmaschine. Bereits 1939 wurden drei Millionen Frauen mit dem Mutterkreuz geehrt. Ende der dreißiger Jahre lebten in knapp einem Viertel der „erbgesunden deutschen Familien" mindestens vier Kinder. (Quellen: BERGSCHICKER, Heinz: Deutsche Chronik 1933 – 1945, Bilder, Daten, Dokumente, 4. Auflage, Verlag der Nation Berlin 1988, Seite 168 ff sowie Deutsches Historisches Museum zu Berlin)

Zweiter Weltkrieg. In einem noch höheren Maße augenscheinlich sind die gravierenden Geburtenausfälle während des zweiten Weltkrieges, die im deutschen Lebensbaum eine tiefe Kerbe hinterlassen haben und durch die Jahrgänge 1941 bis 1945 repräsentiert werden, also durch die Bevölkerung, die im Jahr 2003 mindestens 58 Jahre und höchstens 62 Jahre alt war.

Frauenüberschuss. Die Wirren im Kontext des zweiten Weltkrieges verursachten nicht nur die skizzierten Geburtenausfälle, sie dezimierten regelrecht ganze Jahrgänge in der männlichen Bevölkerung, die für den nationalsozialistischen Größenwahn auf den Schlachtfeldern Europas sinnlos geopfert wurden, was letztlich durch das „unnatürliche" Männerdefizit bzw. durch den in seinem Ausmaß „unnatürlichen" Frauenüberschuss in den Altersklassen der 65-jährigen oder älteren Personen augenscheinlich wird.[14] So konstatiert man im Jahresdurchschnitt 2003 zum Beispiel in der Altersklasse der „80 bis unter 81-jährigen" Personen einen Frauenüberschuss von insgesamt 180100 Personen, der sich im konkreten Fall als Differenz aus der Anzahl der 330500 weiblichen Personen und der Anzahl der 150400 männlichen Personen ergibt.[15] Das Adjektiv „unnatürlich" zur Charakterisierung des Frauenüberschusses unterstreicht dabei nur das in der aktuellen Periodensterbetafel 2001/03 für Deutschland zahlenmäßig geronnene und im dritten Kapitel skizzierte Phänomen, wonach die mittlere ferne Lebenserwartung eines lebendgeborenen Mädchens von 81 Jahren höher ist als die mittlere ferne Lebenserwartung eines lebendgeborenen Knaben mit 76 Jahren, woraus sich letztlich und in logischer Konsequenz ein „natürlicher" Frauenüberschuss in den Altersklassen der über 65-jährigen Personen plausibel erklärt.

Männerüberschuss. Für die weiteren Betrachtungen sind vor allem zwei Hinweise beachtenswert, die ihre bildhafte und augenscheinliche Darstellung im 2003er Lebensbaum innerhalb der Abbildung 2-1 finden: Dies ist zum einen der Männerüberschuss in der Altersklasse der 52 Jahre alten oder jüngeren Bevölkerung und zum anderen der Babyboom eingangs der sechziger Jahre des vergangenen Jahrhunderts, der im 2003er Lebensbaum durch die Bevölkerung „um die

---

[14] Gemäß der neuesten wissenschaftlichen Erhebung des Militärgeschichtlichen Forschungsamtes lagen die deutschen militärischen Verluste im 2. Weltkrieg bei 5,3 Millionen gefallenen Soldaten. Bezogen auf den Bevölkerungsstand des deutschen Reiches von 1938 waren dies nahezu 8 % der gesamten deutschen Bevölkerung.

[15] Welche verheerenden Auswirkungen der nationalsozialistische Größenwahn nicht nur im gesamtgesellschaftlichen, sondern auch im „Mikrokosmos" eines dörflichen Schuljahrganges zeigte, wusste meine verehrte Mutter, Elisabeth ECKSTEIN, geborene MÜLLER, Jahrgang 1923, stets unter Tränen zu berichten: Ihre Dorfschulklasse in Rauenstein, Thüringen, umfasste zum Zeitpunkt der Konfirmation im Jahr 1938 insgesamt 21 Knaben und 10 Mädchen. Von den 21 unterdessen zu jungen Männern gereiften Knaben, die sämtlich zum Kriegsdienst eingezogen wurden, sind 11 Männer „im Feld geblieben". Eine aktenkundige Bestätigung der Angaben verdankte ich Frau Brunhilde MÜLLER und Herrn Guntram BUFF aus Rauenstein.

Vierzig“ repräsentiert wird. Der dunkelgrau (im Original blau) markierte Männerüberschuss in den „unteren“ Altersklassen ist (wie der bereits diskutierte und im Original rot markierte Frauenüberschuss in den „oberen“ Altersklassen) ein natürliches Phänomen, auf das bereits Johann Peter SÜßMILCH in seiner „Göttlichen Ordnung“ verwies, indem er kurz, aber unmissverständlich konstatierte, „daß allezeit gegen 1000 gebohrne Meisjens 1050 Jungens kommen.“[16]. Diese von SÜßMILCH aufgedeckte und in der Bevölkerungsstatistik als Sexualproportion bezeichnete Kennzahl wird im vierten Kapitel inhaltlich näher erläutert. Da in Deutschland im Jahresdurchschnitt 2003 zum Beispiel in der Altersklasse der „39-jährigen bis unter 40-jährigen“ Personen 757200 männliche und 714000 weibliche Personen statistisch erfasst wurden, ergibt sich in logischer Konsequenz wegen 757200 – 714000 = 43200 ein Männerüberschuss von insgesamt 43200 Personen, der innerhalb der Abbildung 2-1 durch das dunkelgrau (im Original blau) markierte und „aufgesetzte“ flächenproportionale Rechteck bildhaft dargestellt wird und sachlogisch aus der SÜßMILCHschen Sexualproportion plausibel erklärt werden kann.

Babyboom. Ein zweiter nützlicher Hinweis zielt auf die geburtenstarken Jahrgänge Mitte der sechziger Jahre des vergangenen Jahrhunderts, die im skizzierten Altersaufbau des Jahres 2003 innerhalb der Abbildung 2-1 durch die 39- bis 41-jährigen Personen gekennzeichnet sind. Für diese Jahrgänge, die zwischen 1962 und 1964 geboren wurden und die in der Demografie salopp auch als „Babyboomer“ bezeichnet werden, konnte im Verlaufe des 20. Jahrhundert in der deutschen Bevölkerung letztmalig eine Nettoreproduktionsrate beobachtet werden, die eine erweiterte Bevölkerungsreproduktion indizierte. Was sich hinter dem Begriff der Bevölkerungsreproduktion zum einen und der bevölkerungsstatistischen Kennzahl der Nettoreproduktionsrate zum anderen inhaltlich verbirgt, wird im Kontext des vierten Kapitels näher erläutert.

Echoeffekt. Bemerkenswert ist dabei ein Reproduktionsphänomen, das auch als „Echoeffekt“ bezeichnet wird und im konkreten Fall wie folgt charakterisiert werden kann: Im Zuge der nationalsozialistischen Bevölkerungspolitik sind Ende der dreißiger Jahre des 20. Jahrhunderts geburtenstarke Jahrgänge zu beobachten, die in logischer Konsequenz Mitte der sechziger Jahre des 20. Jahrhunderts in das heiratsfähige Alter und die zugehörigen weiblichen Personen in das fertile Alter „aufgerückt“ sind, woraus sich wiederum die geburtenstarken Jahrgänge Mitte der sechziger Jahre des vergangenen Jahrhunderts plausibel erklären lassen. Hinzu kommt noch, dass in den Nachkriegsjahren und in den Jahren des „Wirtschaftswunders“ und des „allgemeinen Aufschwungs“ die Institution „Familie mit Kindern“ einen höheren gesellschaftlichen Stellenwert besaß, als es in

[16] SÜßMILCH, Johann Peter: Die göttliche Ordnung, a.a.O., Seite 147

der heutigen kinderarmen Spaßgesellschaft im Allgemeinen zu beobachten gilt. Die janusköpfige Wirkung des Nationalsozialismus auf die Bevölkerungsreproduktion wird nicht nur in „explodierender“, sondern gleichsam auch in „implodierender“ Hinsicht deutlich: Die gravierenden Geburtenausfälle während des zweiten Weltkrieges, wovon vor allem die Geburtsjahrgänge 1941 bis 1945 affiziert sind, bewirken in logischer Konsequenz einen Echoeffekt in der Bevölkerungsreproduktion, der nunmehr zeit- und generationsverzögert in einem Geburtenrückgang eingangs der siebziger Jahre des 20. Jahrhunderts mündet.

Geburtenknicke. Der tendenzielle Geburtenrückgang ausgangs der sechziger und eingangs der siebziger Jahre, der im 2003er Lebensbaum durch die Bevölkerung im Alter von 30 Jahren bis unter 40 Jahren repräsentiert wird, ist dabei nicht nur dem implodierend wirkenden Echoeffekt der Geburtenausfälle im zweiten Weltkrieg, sondern zudem auch der Verbreitung von hormonalen Kontrazeptiva und einem gesellschaftlichen Wertewandel zuzuschreiben. Dieser in der Abbildung 2-3 grafisch dargestellte und Mitte der sechziger Jahre einsetzende Geburteneinbruch, der in der Bevölkerungsstatistik salopp auch als „Pillenknick“[17] bezeichnet wird, erfährt seine partielle Fortführung und temporäre Verstärkung durch den sogenannten Abtreibungsknick[18] Mitte der siebziger Jahre und durch den sogenannten Vereinigungs- oder Wendeknick[19] eingangs der neunziger Jahre des vergangenen Jahrhunderts vor allem in der Bevölkerungsreproduktion der ehemaligen DDR bzw. der neuen Bundesländer.

[17] Der sogenannte Pillenknick kann als ein Indiz für die gesellschaftliche Akzeptanz der anfangs moralisch umstrittenen Antibaby-Pille gedeutet werden, die in der früheren Bundesrepublik bereits 1961 durch die Berliner Schering AG und in der DDR 1965 durch den VEB Jenapharm auf den Markt gebracht wurde.

[18] In der DDR wurde 1972 der Abbruch einer Schwangerschaft innerhalb der ersten drei Monate legalisiert. Gleichzeitig konnten fertile Mädchen und Frauen die Antibaby-Pille kostenlos auf Rezept erhalten. Obgleich der Traum vom Wunschkind in der DDR Wirklichkeit geworden war, hatte dieser letztlich (wie alle Wunschträume) seinen Preis: Obwohl die Geburten Mitte der siebziger Jahre nochmals leicht anstiegen, war ein tendenzieller Rückgang der Geburten in den achtziger Jahren die Folge. Die Emanzipationsbewegung, die eingangs der sechziger Jahre in der früheren Bundesrepublik einsetzte, forderte die Abschaffung des § 218 StGB, der einen Schwangerschaftsabbruch unter Strafe stellt. Der Fristenlösungsentwurf, der aus der Emanzipationsbewegung resultierte und einen Schwangerschaftsabbruch in den ersten zwölf Schwangerschaftswochen straffrei stellen sollte, wurde 1974 vom Bundesverfassungsgericht als in wesentlichen Teilen verfassungswidrig deklariert und trat somit nicht in Kraft.

[19] Während in den alten Bundesländern in den vergangenen dreißig Jahren die Anzahl der Geburten mehr oder weniger auf einem jahresdurchschnittlichen Niveau von 650000 Geburten stagnierte, brach sie im Zuge der Wiedervereinigung in den neuen Bundesländern eingangs der neunziger Jahre regelrecht ein. So wurden z.B. 1994 in den neuen Bundesländern nur noch 78698 Kinder lebend geboren. Im Vergleich zum Jahr 1990 ist dies ein Rückgang um $[(78698 - 178476)/178476] \cdot 100\ \% = -55{,}9\ \%$. (Quelle: Statistisches Jahrbuch 1999 für die Bundesrepublik Deutschland, CD-ROM Version, Tabelle 3.28)

Abbildung 2-3: Geburtenentwicklung in Deutschland[20]

Dekadenbäume. In der Abbildung 2-4 ist der Altersaufbau der deutschen Bevölkerung in Gestalt von vier „dekadischen" Lebensbäumen aus den Jahren 1970, 1980, 1990 und 2003 gewissermaßen „im Zeitraffer" grafisch dargestellt. Diese vier vergleichbaren geschlechtsspezifischen Altersverteilungen untermauern die Metapher vom „Lebensbaum" der deutschen Bevölkerung, der hinsichtlich seiner Beschaffenheit und seines Wachstums zu kranken scheint. Die demografischen Auswirkungen der „Geburtenknicke" in den vergangenen drei Jahrzehnten sind bereits auch hier absehbar: Wenn sich diese Entwicklung verstetigt, dann steht die deutsche Bevölkerung in der Gefahr, langsam auszusterben. Der tendenzielle und teilweise abrupte Geburtenrückgang in den vergangenen vierzig Jahren hatte und hat ein weiteres Ausbleiben von Geburten zur Folge, zumal die derzeit reproduktionsfähigen und geburtenschwachen Jahrgänge der siebziger, achtziger und neunziger Jahre ein gleiches Reproduktionsverhalten an den Tag zu legen scheinen, wie ihre jeweils zugehörige „Erzeugergeneration". BIRG nennt dieses bereits seit mehr als drei Jahrzehnten zu beobachtende und ständig anwachsende Geburtendefizit „die ausgefallene Generation"[21].

[20] Quelle: Info-Grafik GmbH Hamburg, Grafik-Nummer: 9185/2004

[21] BIRG, Herwig: Die ausgefallene Generation – Was die Demographie über unsere Zukunft sagt, Verlag C. H. Beck oHG, München 2005

Abbildung 2-4: Altersaufbau der deutschen Bevölkerung im Zeitraffer[22]

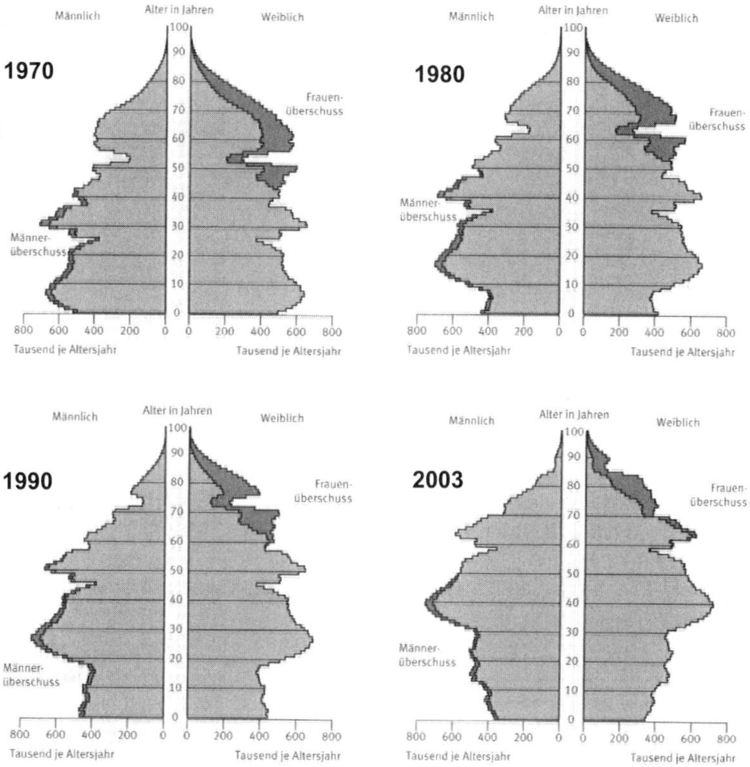

Gleich, welchen Begriffes oder welcher Metapher man sich zur Beschreibung dieses gesellschaftlichen Phänomens auch bedienen mag, die nunmehr seit mehr als vier Jahrzehnten zu beobachtende Tendenz zur Kinderlosigkeit ist und bleibt ein pathologischer und zugleich beängstigender demografischer Befund, der letztlich nicht wie eine „tickende Zeitbombe" mit einem ohrenbetäubenden Knall die selbstgefällige und kinderarme deutsche Wohlstands- und Spaßgesellschaft erschüttern wird, sondern eher wie das langsame und schier unaufhaltsame Abschmelzen eines lebenswichtigen und wasserspendenden Gletschers daherkommt. Die sich daraus für die deutsche Gesellschaft ergebenden Konsequenzen sind ein spezieller Gegenstand des achten Kapitels. ♣

[22] Quelle: Statistisches Jahrbuch 2005 für die Bundesrepublik Deutschland, Seite 37

3 Die exakten Geheimnisse einer Sterbetafel

Sterbetafel. Die Abbildung 3-1 beinhaltet einen Auszug aus der aktuellen deutschen Periodensterbetafel[23] 2001/2003 für männliche Personen.

Abbildung 3-1: Sterbetafelauszug 2001/2003, männlich[24]

Vollendetes Alter	Sterbe- wahrscheinlichkeit vom Alter x bis x+1	Überlebens- wahrscheinlichkeit vom Alter x bis x+1	Überlebende im Alter x	Gestorbene im Alter x bis unter x+1	Von den Überlebenden im Alter x bis zum Alter x+1 durchlebte Jahre	Von den Überlebenden im Alter x insgesamt noch zu durchlebende Jahre	Durchschnittliche Lebenserwartung im Alter x in Jahren
x	q_x	p_x	l_x	d_x	L_x	$e_x l_x$	e_x
50	0,00499968	0,99500032	94 255	471	94 019	2 648 164	28,10
51	0,00527069	0,99472931	93 784	494	93 537	2 554 145	27,23
52	0,00586760	0,99413240	93 289	547	93 016	2 460 608	26,38
53	0,00624206	0,99375794	92 742	579	92 453	2 367 593	25,53
54	0,00699452	0,99300548	92 163	645	91 841	2 275 140	24,69
55	0,00753799	0,99246201	91 518	690	91 174	2 183 299	23,86
56	0,00803221	0,99196779	90 829	730	90 464	2 092 126	23,03
57	0,00891204	0,99108796	90 099	803	89 698	2 001 662	22,22
58	0,00982465	0,99017535	89 296	877	88 857	1 911 965	21,41
59	0,01072868	0,98927132	88 419	949	87 944	1 823 107	20,62

Kennzahlen. Für eine männliche Person, die zum Beispiel x = 55 Lebensjahre vollendet hat, sind die altersspezifischen Kennzahlen der in der Abbildung 3-1 auszugsweise dargestellten Periodensterbetafel wie folgt zu interpretieren:

Sterbewahrscheinlichkeit. Die einjährige altersspezifische Sterbewahrscheinlichkeit $q_x = 0{,}00753799$ gibt die Wahrscheinlichkeit[25] dafür an, dass eine männliche Person im Alter von x = 55 Jahren vor Erreichen des (x + 1)-ten, also des 56-sten Lebensjahres stirbt.

---

[23] Im Unterschied zu einer Generationensterbetafel, die auf einer realen Ausgangskohorte von Lebendgeborenen basiert und die bis zu ihrem völligen „Verschwinden durch den Tod“ statistisch beobachtet wird, beschreibt eine Periodensterbetafel die Absterbeordnung einer fiktiven Ausgangskohorte (in der Regel von 100000 Personen) unter Zugrundelegung der in einem relativ kurzen Zeitraum (in der Regel von drei Jahren, im konkreten Fall für die Jahre 2001 bis 2003) für jeden Altersjahrgang der jeweiligen Bevölkerung statistisch beobachteten Sterblichkeitsverhältnisse. Der Vorteil einer Periodensterbetafel gegenüber einer Generationensterbetafel besteht darin, dass eine Periodensterbetafel erstellt werden kann, ohne die Ausgangskohorte bis zu ihrem völligen Verschwinden statistisch beobachten zu müssen. Aufgrund dessen, dass die Sterblichkeit einer Bevölkerung ständigen Veränderungen unterliegt, wird für eine erstellte Periodensterbetafel eine „periodische Neuberechnung“ erforderlich, ein Umstand, woraus sich die Bezeichnung „Periodensterbetafel“ ableitet. Aufgrund naturgegebener Unterschiede in den Sterblichkeitsverhältnissen beider Geschlechter wird für eine Bevölkerung eine Sterbetafel, die im Englischen sympathischerweise „life table“ heißt, geschlechtsspezifisch erstellt. Theoretisch begründet durch das „schwache Gesetz großer Zahlen“ werden dabei die empirisch beobachteten relativen Sterbehäufigkeiten als „Wahrscheinlichkeiten in Konvergenz“ gedeutet.

[24] Quelle: Statistisches Bundesamt, Wiesbaden, 2004

[25] In der statistischen Methodenlehre wird die Wahrscheinlichkeit als ein Maß für den Grad der Gewissheit bzw. der Ungewissheit des Eintretens eines zufälligen Ereignisses im Kontext eines Zufallsexperiments aufgefasst, das nur reelle Werte zwischen null und eins annehmen kann.

Überlebenswahrscheinlichkeit. Die einjährige altersspezifische Überlebenswahrscheinlichkeit als komplementäre Sterbewahrscheinlichkeit $p_x = 1 - q_x = 1 - 0{,}00753799 = 0{,}9924601$ gibt die Wahrscheinlichkeit dafür an, dass eine männliche Person im Alter von x = 55 Jahren mindestens das (x + 1)-te, also mindestens das 56-ste Lebensjahr erreicht bzw. vollendet.

Überlebende. Die zu erwartende Anzahl l_x der überlebenden männlichen Personen im Alter von x = 55 Jahren errechnet sich wie folgt: $l_x = l_{x-1} \cdot p_{x-1} = l_{54} \cdot p_{54} = 92163 \cdot 0{,}99300548 \approx 91518$. Demnach würden von der fiktiven Ausgangskohorte von 100000 lebendgeborenen Knaben 91518 Männer das 55. Lebensjahr vollenden bzw. von den 92163 Männern, die das 54. Lebensjahr vollendet haben, 91518 das 55. Lebensjahr vollenden und in logischer Konsequenz 92163 – 91518 = 645 Männer im Verlauf ihres 55-sten Lebensjahres sterben. Erweitert man diese Betrachtungen einmal auf die Menge der 537000 männlichen Personen innerhalb der deutschen Bevölkerung, die im Jahr 2003 bereits das x = 54-ste, jedoch noch nicht das x + 1 = 55-ste Lebensjahr vollendet hatten, dann hätte man wegen $l_{x+1} = 537000 \cdot 0{,}99300548 \approx 533244$ erwartungsgemäß damit rechnen können, dass im Jahr 2003 533244 männliche Personen das x + 1 = 55-ste Lebensjahr vollenden bzw. 537000 – 533244 = 3756 männliche Personen im Verlauf ihres 55-sten Lebensjahres sterben.

Absterbeordnung. Im Kontext einer Sterbetafel ist mit der Betrachtung der zu erwartenden Anzahl l_x von überlebenden Personen der Begriff der Absterbeordnung einer Bevölkerung untrennbar verbunden. Die geschlechtsspezifischen Histogramme innerhalb der Abbildung 3-2 verdeutlichen die Absterbeordnung der deutschen Bevölkerung auf der Grundlage der Periodensterbetafel 2001/03. Der Einfachheit und der Übersichtlichkeit halber wurde im konkreten Fall für die beiden hypothetischen Ausgangskohorten der jeweils 100000 männlichen bzw. weiblichen Lebendgeborenen mit x = 0 vollendeten Altersjahren die mittlere Anzahl der Überlebenden l_x jeweils zweier Altersjahre zusammengefasst und grafisch dargestellt. In Anlehnung an die SÜßMILCHsche Metapher von der „Göttlichen Ordnung in den Veränderungen des menschlichen Geschlechts", die sich gleichsam „aus der Geburt, dem Tod und der Fortpflanzung desselben erweisen", unterstreichen diese geschlechtsspezifischen Histogramme die „Ordnung des Ab- bzw. Aussterbens" zweier fiktiver und geschlechtsspezifischer Ausgangskohorten. Gleich, welches Adjektiv man zur Kennzeichnung der Absterbeordnung in der Abbildung 3-2 auch verwenden mag, ob „göttlich" oder „naturgegeben", sie beschreibt bildhaft die empirisch beobachteten Mortalitätsverhältnisse in der deutschen Bevölkerung gemäß der aktuellen Periodensterbetafel 2001/03. Was man allerdings aus der Absterbeordnung innerhalb Abbildung 3-2 nicht sofort erkennen kann, ist die geschlechtsspezifische Asymmetrie, die zugunsten des weiblichen Geschlechts ausfällt, das im Vergleich zum männlichen Geschlecht eben erst im „höheren Alter" und dann um so stärker mit der „Hypothek des Todes" in Gestalt der gestorbenen Personen belastet wird.

Abbildung 3-2: Absterbeordnung gemäß Periodensterbetafel 2001/03

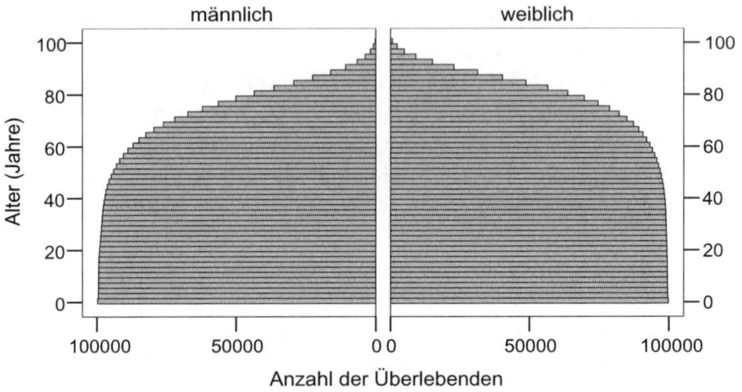

Gestorbene. Die zu erwartende Anzahl d_x der männlichen Personen der fiktiven Ausgangskohorte von 100000 lebendgeborenen Knaben, die nach Vollendung des x = 55-sten Lebensjahres, aber vor Vollendung des (x + 1)-ten, also im Verlauf des 56-sten Lebensjahres sterben würden, errechnet sich gemäß der Periodensterbetafel von 2001/2003 wie folgt: $d_x = l_x - l_{x+1} = l_x - l_x \cdot p_x = l_x \cdot (1 - p_x) = l_x\ q_x = 91518 \cdot 0{,}00753799 \approx 690$ männliche Personen. Erweitert man dieses Berechungskalkül wiederum auf die verbleibende und „bereits hochgerechnete" Menge der 533244 männlichen Personen, die im Jahr 2003 bereits das 55-ste Lebensjahr vollendet hatten, dann hätte man gemäß der Periodensterbetafel von 2001/2003 erwarten können, dass $533244 \cdot 0{,}00753799 \approx 4020$ männliche Personen im Verlaufe ihres 56-sten Lebensjahres sterben. Bereits in diesem Zusammenhang leuchtet es intuitiv ein, dass man mit diesem einfachen Algorithmus bereits in der Lage ist, die Absterbeordnung einer Kohorte zu modellieren und zahlenmäßig zu beschreiben. Man braucht diese elementaren Berechnungen im konkreten Fall nur geschlechtsspezifisch für alle 100 Altersjahre zu bewerkstelligen, um jeweils die Anzahl der Überlebenden bzw. der Gestorbenen im Verlauf eines Altersjahres bzw. Jahrganges „hochrechnen" zu können.

Absterbeordnung. In der Abbildung 3-3 ist gleichsam die Absterbeordnung der deutschen Bevölkerung gemäß der Periodensterbetafel 2001/03 grafisch dargestellt, wobei nunmehr im Unterschied zur Abbildung 3-2 die geschlechtsspezifischen Histogramme für die beiden fiktiven Kohorten von jeweils 100000 männlichen bzw. weiblichen Personen nicht auf der Anzahl der Überlebenden l_x im Alter von x bis unter x + 1 Jahren, sondern auf der Anzahl der Gestorbenen d_x im Alter von x bis unter x + 1 Jahren beruht. Der Anschaulichkeit und Vergleichbarkeit halber basieren die beiden geschlechtsspezifischen und flächenproportionalen Histogramme innerhalb der Abbildung 3-3, welche die Absterbeordnung für die deutsche Bevölkerung bildhaft beschreiben, wiederum auf äquidistanten Altersklassen mit einer Breite von zwei Altersjahren.

Abbildung 3-3: Absterbeordnung gemäß Perioden-Strebetafel 2001/03

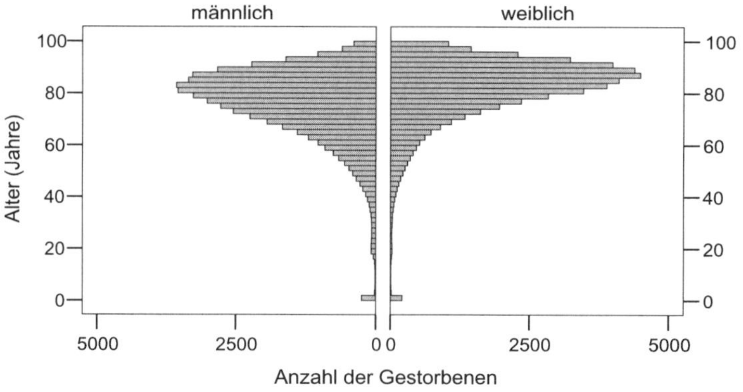

Im Unterschied zur Abbildung 3-2, welche die Absterbeordnung der deutschen Bevölkerung gemäß der Periodensterbetafel 2001/03 auf der Basis der Anzahl der überlebenden Personen bildhaft beschreibt, wird allerdings in der Abbildung 3-3 anhand der Anzahl der gestorbenen Personen die bereits erwähnte Asymmetrie in der Absterbeordnung beider Geschlechter in einem weitaus höheren Maße augenscheinlich. Während gemäß der Periodensterbetafel 2001/03 für die deutsche Bevölkerung bei den männlichen Gestorbenen das modale Alter bei 82 Altersjahren liegt, beläuft sich das modale Alter bei den weiblichen Gestorbenen auf 88 Altersjahre. Hinzu kommt noch, dass die „Hypothek des Todes" in Gestalt der Anzahl der Gestorbenen beim weiblichen Geschlecht ab dem 82. Altersjahr die Anzahl der gestorbenen männlichen Personen übersteigt.[26]

[26] Aus statistisch-methodischer Sicht würde man die durch das Geschlecht bedingten Altersverteilungen der gestorbenen Personen im Altersbereich [0 Jahre, 100 Jahre] wegen der vergleichsweise höheren Säuglingssterblichkeit als bimodale bzw. als multimodale Altersverteilungen charakterisieren. Demgegenüber würden zum Beispiel im Altersbereich [20 Jahre, 100 Jahre] lediglich unimodale Altersverteilungen vorliegen.

Lebenserwartung. Eine der zweifelsfrei interessantesten Kennzahlen einer Periodensterbetafel ist die mittlere ferne oder durchschnittliche Lebenserwartung e_x einer Person im Alter von x Jahren. Ausgehend von der Periodensterbetafel innerhalb der Abbildung 3-1 lässt sie sich z.B. für eine x = 55 Jahre alte männliche Person wie folgt berechnen: Den Ausgangspunkt für die Berechnung der Lebenserwartung bildet (unter Berücksichtigung von Rundungsdifferenzen) die Berechnung der von der Menge der Überlebenden im Alter x = 55 Jahre bis zum Alter x + 1 = 56 Jahre durchlebten Jahre $L_x = l_x - d_x/2 = 91518 - 690/2 = 91173$. Demnach haben in der fiktiven Ausgangskohorte der 100000 lebend geborenen männlichen Personen die 91518 Überlebenden im Alter von 55 Jahren bis zur Vollendung ihres 56-sten Lebensjahres erwartungsgemäß (und unter Berücksichtigung der Anzahl der Gestorbenen) im Mittel 91174 „Jahre durchlebt". Summiert man für alle x = 55 bis x = 100 alle 100 – 55 = 45 insgesamt noch zu durchlebenden Jahre L_x, so erhält man die zu erwartende Gesamtzahl der von den Überlebenden im Alter von x Jahren insgesamt noch zu durchlebenden Jahre $T_x = e_x \cdot l_x = 2183299$. Demnach hätten die 91518 Überlebenden im Alter von x = 55 Jahren bis zu ihrem x = 100-sten Lebensjahr erwartungsgemäß insgesamt noch 2183299 Jahre zu „durchleben". Schließlich und endlich erhält man wegen $e_x = T_x/l_x$ = (2183299 Jahre)/(91518 männliche Personen) = 23,86 Jahre pro männliche Person die mittlere ferne oder durchschnittliche Anzahl von Lebensjahren, die eine x = 55 Jahre alte männliche Person gemäß der Periodensterbetafel 2001/2003 erwartungsgemäß im Mittel noch zu „durchleben" hätte.

Vergleich. In diesem Zusammenhang soll noch vermerkt werden, dass sich gemäß der Periodensterbetafel 2001/2003 die mittlere ferne Lebenserwartung einer x = 0 Jahre alten männlichen Person, also eines lebendgeborenen Knaben, auf 75,59 Jahre und die einer x = 0 Jahre alten weiblichen Person, also eines lebendgeborenen Mädchens, auf 81,34 Jahre beläuft. Vergleicht man die geschlechtsspezifischen Lebenserwartungen eines Lebendgeborenen mit den Ergebnissen aus der „Allgemeinen Sterbetafel 1986/88"[27] für Deutschland, die letztmalig auf der Grundlage der Ergebnisse einer Volkszählung berechnet wurde, so ist in den letzten 15 Jahren die mittlere ferne Lebenserwartung eines lebendgeborenen Knaben um 75,59 – 72,21 = 3,38 Jahre und die eines lebendgeborenen Mädchens um 81,34 – 78,68 = 2,66 Jahre gestiegen und wird in den kommenden Jahren voraussichtlich noch weiter ansteigen. Diesem Sachverhalt wird im Computermodell, das hinsichtlich seiner Konstruktion und seiner Bausteine im sechsten Kapitel beschrieben wird, Rechnung getragen, indem die geschlechtsspezifischen Lebenserwartungen eines lebendgeborenen Knaben bzw. eines lebendgeborenen Mädchens als wichtige „Stellschrauben" fungieren. ♣

[27] vgl. Statistisches Jahrbuch 1991 für Deutschland, Seite 55

4 Notizen zur Bevölkerungsreproduktion

Reproduktionsproblem. In der Bevölkerungsstatistik und in der Demografie subsumiert man unter dem Begriff der Bevölkerungsreproduktion die Fähigkeit einer Bevölkerung eines geografischen Gebiets, sich unter den dort gegebenen Fertilitäts- und Mortalitätsverhältnissen auf lange Sicht aus „eigener Kraft" zu erhalten bzw. zu vermehren. Auf einen ersten Blick und wesentlich vereinfacht ließe sich demnach das Reproduktionsproblem einer Bevölkerung auf die folgende Frage reduzieren: Reichen die Lebendgeborenen von heute aus, um die Generation ihrer Eltern zu ersetzen? Eingedenk der naturgegebenen Tatsache, dass die Frauen die eigentlichen Träger der Bevölkerungsreproduktion sind[28], würde dies zum Beispiel im Sinne einer einfachen Bevölkerungsreproduktion bedeuten, dass eine Frau im Verlaufe ihres fertilen Alters, d.h. in der 30-jährigen Zeitspanne zwischen ihrem 15. und 44. Lebensjahr, im Durchschnitt einem „Pärchen", also einem Knaben und einem Mädchen das Leben schenken müsste. Eine bevölkerungsstatistische Maßzahl, mit der man diesen Sachverhalt zu beschreiben versucht, ist die zusammengefasste Fertilitätsrate, für die synonym auch die Bezeichnung zusammengefasste Natalitätsrate, zusammengefasste Geburten- oder Fruchtbarkeitsziffer verwendet wird.

Fertilitätsrate. Die zusammengefasste Fertilitätsrate einer Bevölkerung eines geografischen Gebiets innerhalb eines bestimmten Zeitraumes ist definiert als die Summe aus den altersspezifischen Fertilitätsraten des gleichen Zeitraumes. Die altersspezifische Fertilitätsrate eines Zeitraumes und geografischen Gebiets ist wiederum definiert als der Quotient aus der Anzahl der von Frauen im fertilen Alter eines bestimmten Altersjahrganges $x = 15, 16, \ldots, 44$ Lebendgeborenen und dem mittleren Bestand der Frauen des gleichen Altersjahrganges x. In der Abbildung 4-1 sind die altersspezifischen Fertilitätsraten für Deutschland im Jahr 2003 bildhaft dargestellt[29]. Demnach besaßen im Jahr 2003 z.B. die Frauen im Alter von 30 Jahren die höchste altersspezifische Fertilität, die sich im konkreten Fall auf 948 Lebendgeborene je 10000 dreißigjährige Frauen bzw. auf nahezu 95 Lebendgeborene je 1000 Frauen im Alter von 30 Jahren belief.[30] Aufgrund dessen, dass sich eine altersspezifische Fertilitätsrate stets auf eine gleiche Anzahl

[28] Gleichwohl naturgegeben ein Zeugungsakt an die Existenz der Spezies „Mann" und der Spezies „Frau" gebunden ist, geht man in der Theorie der Bevölkerungsreproduktion von der Prämisse aus, dass die Spezies „Frau" die alleinige Trägerin der Bevölkerungsreproduktion ist. Der Spezies „Mann" bleibt dabei zumindest ein Trost: Sie darf dann immer besonders stolz sein, wenn sie weiß, dass sie mit ihrem Kind bzw. ihren Kindern verwandt ist.

[29] Beachtens- und bemerkenswert ist im konkreten Fall, dass altersspezifischen Fertilitätsraten in ihrer grafischen Darstellung ein nahezu symmetrisches Gebilde darstellen, das allerdings mit einer symmetrischen Häufigkeitsverteilung nicht verwechselt werden darf.

[30] Quelle: Statistisches Jahrbuch für die Bundesrepublik Deutschland 2005, Seite 52

gleichaltriger Frauen im fertilen Alter bezieht (meist von 1000 Frauen), ist es nicht nur mathematisch möglich, sondern auch inhaltlich plausibel, die Summe der altersspezifischen Fertilitätsraten zu bilden, diese Summe als zusammengefasste Fertilitätsrate zu bezeichnen und die so berechnete Rate als eine statistische Maßzahl zur Beschreibung der Geburtlichkeit bzw. der Fruchtbarkeit einer Bevölkerung zu verwenden.

Abbildung 4-1: Altersspezifische Fertilitätsraten

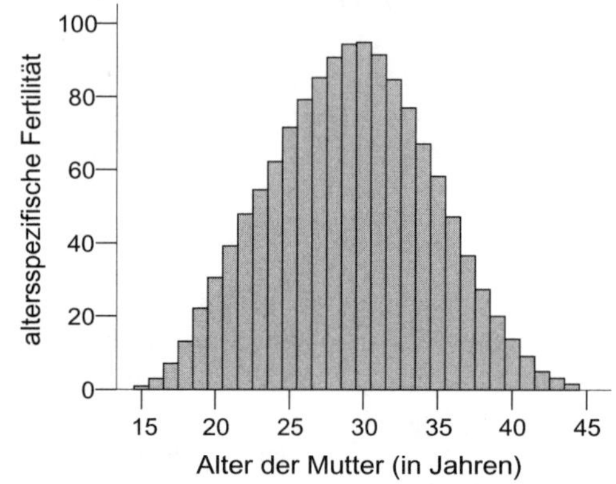

Für das Jahr 2003 berechnet man aus den 30 altersspezifischen Fertilitätsraten eine zusammengefasste Fertilitätsrate von insgesamt 1338,7 Lebendgeborenen je 1000 Frauen im fertilen Alter und interpretiert sie wie folgt: Ceteris paribus, besonders unter gleichen Fertilitätsverhältnissen bei den Frauen im fertilen Alter und ohne Berücksichtigung der Mortalitätsverhältnisse bei den Frauen im fertilen Alter und bei den Lebendgeborenen, würden erwartungsgemäß 1000 Frauen im Verlaufe ihres fertilen Alters im Durchschnitt 1339 Kindern das Leben schenken. Demnach bringt derzeit eine Frau im Verlaufe ihres fertilen Alters hypothetisch und im Mittel 1,34 lebendgeborene Kinder zur Welt. Aus der angebotenen Interpretation wird bereits ersichtlich, dass die zusammengefasste Fertilitätsrate lediglich nur als ein Maß für einen hypothetischen und mittleren Geburtenertrag einer Frauengeneration angesehen werden kann.

Polygonzüge. Die beiden Polygonzüge innerhalb der Abbildung 4-2 beschreiben die zeitliche Entwicklung der zusammengefassten Fertilitätsrate in Ost- und in Westdeutschland im Zeitraum von 1960 bis 2000. Demnach wurden z.B. in Ostdeutschland im Jahre 2000 von 1000 Frauen im Verlaufe ihres fertilen Alters hypothetisch und durchschnittlich $1{,}2 \cdot 1000 = 1200$ lebendgeborene Kinder zur Welt gebracht. Dass in der Abbildung 4-2 das fertile Alter auf die Zeitspanne von 15 bis 45 Jahren bezogen wird, berührt die folgenden Aussagen nicht.

Abbildung 4-2: Fertilitätsrate im Zeitverlauf[31]

Das Bemerkenswerte und zugleich Alarmierende an diesem Schaubild besteht vor allem darin, dass nicht nur das Phänomen der Geburtenknicke, das bereits im Kontext des dritten Kapitels skizziert wurde, nochmals in einer sehr anschaulichen Art und Weise, sondern gleichsam auch der tendenzielle Fall der zusammengefassten Fertilitätsrate in beiden Teilen Deutschlands und damit in Deutschland insgesamt augenscheinlich wird. Lag in Deutschland die zusammengefasste Fertilitätsrate eingangs der 60er Jahre noch bei ca. 2,5 lebendgeborenen Kindern je Frau im fertilen Alter, so hat sie sich vierzig Jahre später im Jahre 2003 mit 1,34 lebendgeborenen Kindern je Frau im fertilen Alter nahezu halbiert.

Bruttoreproduktionsrate. Eingedenk der SÜßMILCHschen Sexualproportion[32], die analog zur Abbildung 4-3 der Einfachheit halber einmal für alle Alters-

[31] Quelle: Der Spiegel 2/2004, Seite 38

[32] In der Bevölkerungsstatistik wird das Verhältnis aus der Anzahl lebend geborener Knaben und der Anzahl lebend geborener Mädchen eines Geburtsjahrganges als Sexualproportion bezeichnet. Bereits SÜßMILCH konstatierte in seiner „Göttlichen Ordnung“ (a.a.O., Seite 147), dass „... allzeit gegen 1000 geborene Meisjens 1050 Jungens kommen.“ Bemerkenswert ist in diesem Zusammenhang, dass im letzten Jahrhundert in Deutschland die Sexualproportion bestimmten zeitlichen Schwankungen unterlag. Während im Jahr 2003 die Sexualproportion bei 1057 Knaben je 1000 Mädchen lag, belief sie sich z.B. nach dem ersten Weltkrieg im Jahre 1919 auf 1080 Knaben je 1000 Mädchen und nach dem zweiten Weltkrieg im Jahre 1946 auf 1079 Knaben je 1000 Mädchen. Die Annahme einer Sexualproportion von 1055 Knaben je 1000 Mädchen ist äquivalent zur Unterstellung eines prozentualen Mädchenanteils von $[1000/(1055 + 1000)] \cdot 100\,\% \approx 48{,}7\,\%$ bzw. eines prozentualen Knabenanteils von $[1055/(1055 + 1000)] \cdot 100\,\% \approx 51{,}3\,\%$ bei den lebendgeborenen Kindern.

jahrgänge von Frauen im fertilen Alter mit 1055 lebendgeborenen Knaben je 1000 lebendgeborenen Mädchen angenommen werden soll, und eingedenk der Tatsache, dass in der Theorie der Bevölkerungsreproduktion nur von Interesse ist, ob eine Töchtergeneration ihre Müttergeneration zu ersetzen vermag, brächte derzeit eine Frau im Verlaufe ihres fertilen Alters nur noch $1{,}339 \cdot 1000/(1055 + 1000) \approx 0{,}652$ Mädchen lebend zur Welt. Diese vereinfachende Modifikation der zusammengefassten Fertilitätsrate führt unmittelbar zum Begriff der sogenannten Bruttoreproduktionsrate, die in ihrer originären Berechnung als Summe der Produkte aus der jeweiligen altersspezifischen Fertilitätsrate und dem jeweiligen Anteil lebendgeborener Mädchen an den Lebendgeborenen insgesamt, die von Frauen eines bestimmten Altersjahrganges zur Welt gebracht wurden, explizit dargestellt werden kann.

Abbildung 4-3: Sexualproportion im Zeitverlauf[33]

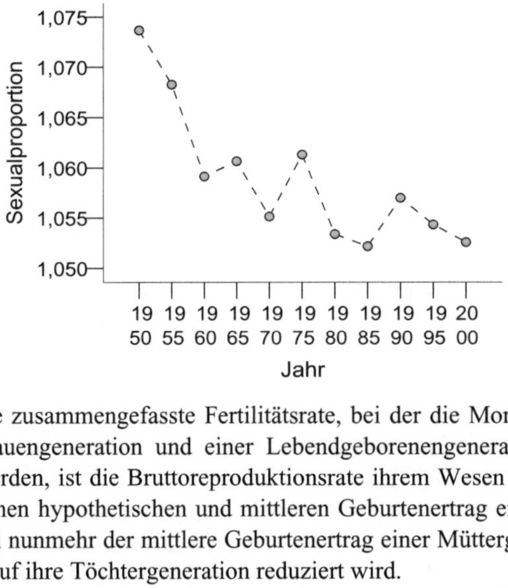

Ebenso wie die zusammengefasste Fertilitätsrate, bei der die Mortalitätsverhältnisse einer Frauengeneration und einer Lebendgeborenengeneration nicht berücksichtigt werden, ist die Bruttoreproduktionsrate ihrem Wesen nach lediglich ein Maß für einen hypothetischen und mittleren Geburtenertrag einer Frauengeneration, wobei nunmehr der mittlere Geburtenertrag einer Müttergeneration einzig und allein auf ihre Töchtergeneration reduziert wird.

[33] Das Sequenzdiagramm zeigt für einen Zeithorizont von insgesamt fünfzig Jahren den zeitlichen Verlauf der Sexualproportion für die Lebendgeborenen in Deutschland jeweils in äquidistanten Zeitintervallen von fünf Jahren. Bemerkenswert ist dabei, dass in den letzten fünfzig Jahren die Sexualproportion in Deutschland durch eine tendenziell fallende Entwicklung gekennzeichnet ist. Innerhalb der letzten zwanzig Jahre unterlag die Sexualproportion nur noch geringfügigen Schwankungen, die sich auf einen Wert von 1,055 Knaben je Mädchen bzw. 1055 Knaben je 1000 Mädchen einzupegeln scheint. (Quelle: Statistisches Bundesamt, Fachserie 1, Reihe 1.1, 2003)

Nettoreproduktionsrate. Werden bei der parametrischen Beschreibung der Bevölkerungsreproduktion die Mortalitätsverhältnisse innerhalb einer Bevölkerung, die zum Beispiel in einer Periodensterbetafel zahlenmäßig geronnen sind, berücksichtigt, so führt dies unmittelbar zum Begriff der Nettoreproduktionsrate[34]. Analog zur Periodensterbetafel innerhalb der Abbildung 3-1 geht man bei der Berechnung der Nettoreproduktionsrate von einer fiktiven Kohorte von 100000 lebendgeborenen Mädchen aus. Unter Verwendung der Sterbewahrscheinlichkeiten q_x berechnet man die zu erwartende Anzahl l_x lebendgeborener Mädchen, die das fertile Alter $x = 15,16,...,44$ erreichen und in ihrer Gesamtheit eine hypothetische Müttergeneration bilden. Unter Berücksichtigung aktueller altersspezifischer Fertilitätsraten und aktueller altersspezifischer Sexualproportionen berechnet man schließlich und endlich die sogenannte Nettoreproduktionsrate, die auch als reine Reproduktionsrate bezeichnet wird und die angibt, wie viele Mädchen unter den jeweiligen Fertilitäts- und Mortalitätsverhältnissen erwartungsgemäß und im Mittel von einer Frau im Verlaufe ihres fertilen Alters lebend geboren werden. Unter Verwendung der Periodensterbetafel 2001/03 und der altersspezifischen Fertilitätsraten und der altersspezifischen Sexualproportionen von 2003 berechnet man für die Bevölkerung der Bundesrepublik Deutschland und für das Jahr 2003 eine Nettoreproduktionsrate von 0,64[35] und interpretiert sie wie folgt: Ceteris paribus, besonders unter gleichen Fertilitäts- und Mortalitätsverhältnissen bei den Frauen im fertilen Alter und bei den Lebendgeborenen, würden erwartungsgemäß und im Mittel 1000 Frauen im Verlaufe ihres fertilen Alters $0{,}64 \cdot 1000 = 640$ Mädchen das Leben schenken. Demnach bringt derzeit eine Frau im Verlaufe ihres fertilen Alters hypothetisch und im Mittel 0,64 lebendgeborene Mädchen zur Welt. Aus der angebotenen Interpretation wird wiederum ersichtlich, dass auch die Nettoreproduktionsrate (gleichsam wie die zusammengefasste Fertilitätsräte und die Bruttoreproduktionsrate) lediglich als ein Maß für einen hypothetischen und mittleren Töchterertrag einer Müttergeneration angesehen werden kann. In diesem Zusammenhang leuchtet es intuitiv ein,

---

[34] Die Konstruktionsidee von Brutto- und Nettoreproduktionsraten geht auf den ehemaligen Leiter des Statistischen Amtes der Stadt Berlin Richard BÖCKH zurück und wurde vom Wirtschafts- und Bevölkerungsstatistiker Robert René Abraham KUCZYNSKI (1876 – 1947), der bei BÖCKH volontierte, u.a. in seinem 1932 in New York erschienen Buch „Fertility and Reproduction, Methods of measuring the balance of birth and deaths" appliziert. In den 30er und 40er Jahren hießen die von KUCZYNSKI berechneten Brutto- und Nettoreproduktionsraten der Bevölkerung in Westeuropa und den USA nur „Kuczynski rates". Robert KUCZYNSKI ist der Vater von Jürgen KUCZYNSKI (1904 – 1997), dem Nestor der DDR-Wirtschaftsgeschichte. (Quelle: KUCZYNSKI, Thomas: Radikaler Demokrat und großer Demograph, Zum 125. Geburtstag von René Kuczynski, Feuilleton der Tageszeitung „junge Welt" vom 11. August 2001)

[35] Die eigenen Berechnungen koinzidieren mit den Angaben des Statistischen Bundesamtes Wiesbaden, das für 2003 eine Nettoreproduktionsrate von 0,642 ausweist.

dass eine Nettoreproduktionsrate mit einem Wert von eins als eine Maßzahl dafür gedeutet werden kann, dass sich eine Bevölkerung „gerade noch" bzw. „einfach" reproduziert. In logischer Konsequenz interpretiert man eine Nettoreproduktionsrate, die einen Wert größer als eins annimmt, als ein Indiz dafür, dass sich eine Bevölkerung auf einer „erweiterten Stufenleiter" reproduziert bzw. vermehrt. Eine Nettreproduktionsrate, die einen Wert kleiner als eins besitzt, ist ein Hinweis darauf, dass eine Bevölkerung schrumpft, also ihre Reproduktion auf Dauer nicht mehr gesichert ist.[36]

Status quo. Der Status quo der Reproduktionsfähigkeit der deutschen Bevölkerung kann kurz und bündig wie folgt beschrieben werden: Bei Unterstellung einer Sexualproportion von 1055 lebendgeborenen Knaben je 1000 lebendgeborene Mädchen und unter Berücksichtigung der gültigen Fertilitäts- und Mortalitätsverhältnisse bringt eine Frau im Verlaufe ihres fertilen Alters hypothetisch und im Mittel $0{,}64 \cdot (1055 + 1000)/1000 \approx 1{,}315$ lebendgeborene Kinder zu Welt. Damit sich die deutsche Bevölkerung wenigstens einfach reproduzieren könnte, müsste eine Frau im Verlaufe ihres fertilen Alters hypothetisch und im Mittel geringfügig mehr als zwei Kindern das Leben schenken.

Diagnose. Die demometrische Diagnose ist auch in diesem Zusammenhang eindeutig: In Deutschland werden zu wenige Kinder geboren und dies nicht nur heutzutage, sondern bereits seit nunmehr fast vierzig Jahren. Gleich, welchem Kassandraruf[37] man sich im Kontext diesen pathologischen demografischen Befundes auch bedienen mag, ob „Die Deutschen sterben langsam aus" oder „Kinder braucht das Land", alle diese Unheils- oder Mahnrufe lassen (gleichsam wie die im achten Kapitel diagnostizierten Albträume Germanias) die unabwendbaren Konsequenzen für die deutsche Gesellschaft augenscheinlich werden: Die nicht geborene und somit ausgefallene Generation von Kindern und damit von zukünftigen Müttern und Vätern wird für die nächsten Jahrzehnte mehrheitlich unangenehme und unbequeme Auswirkungen auf die heutige und zukünftige deutsche Wohlstandsgesellschaft haben.[38] ♣

---

[36] vgl. FÖRSTER, Erhard und Peter GIERSDORF: Grundlagen der Demographie, VEB Verlag Volk und Gesundheit Berlin 1976, Seite 205 ff.

[37] In der griechischen Mythologie ist KASSANDRA eine schöne Tochter des PRIAMOS und der HEKABE, welche von APOLLON die Gabe der Weissagung erhalten hatte. Da sie aber APOLLONS Werbungen zurückwies, bestimmte dieser, dass ihre Worte, Prophezeiungen und Unheilsverkündungen (auch die vom hölzernen „Trojanischen" Pferd) niemals Glauben finden sollten.

[38] Die Wochenzeitschrift DIE ZEIT veröffentlichte eingangs des Jahres 2004 zu diesem Problemkreis u.a. die folgenden acht Artikel: GASCHKE, Susanne: Das kinderlose Land, Nr. 4/2004, RÜCKERT, Sabine: Die Freiheit und ihr Preis, Nr. 5/2004, BITTNER, Jochen: Jung, gebildet, allein, Nr. 6/2004, MAINKA, Iris: Full House, Nr. 7/2004, SPIEWAK, Martin: Die Uhr tickt unerbittlich, Nr. 8/2004, BRINCK, Christine: Kinder – ein amerikanischer Traum, Nr. 9/2004, MÖNNINGER, Michael: Demografie als Volkssport, Nr. 10/2004, MAYER, Susanne: Her mit den Kindern!, Nr. 11/2004

5 Notizen zur Bevölkerungsmigration

Migrationsphänomen. In der Bevölkerungsstatistik und in der Demografie wird für ein geografisches Gebiet die räumliche Bevölkerungsbewegung in ihrer Gliederung nach der externen bzw. Außenwanderung und der internen bzw. Binnenwanderung unter dem Begriff der Migration subsumiert. Die Differenz aus der Anzahl innerhalb eines bestimmten Zeitraumes (meist eines Jahres) erfasster Immigrations- und Emigrationsvorgänge wird als Migrationssaldo[39] bezeichnet, dessen Schwankungszentrum (analog zu einem Thermometer mit einer CELSIUS-Temperaturskala[40]) per Definition die Zahl Null ist.

Abbildung 5-1: Migration zwischen Deutschland und dem Ausland[41]

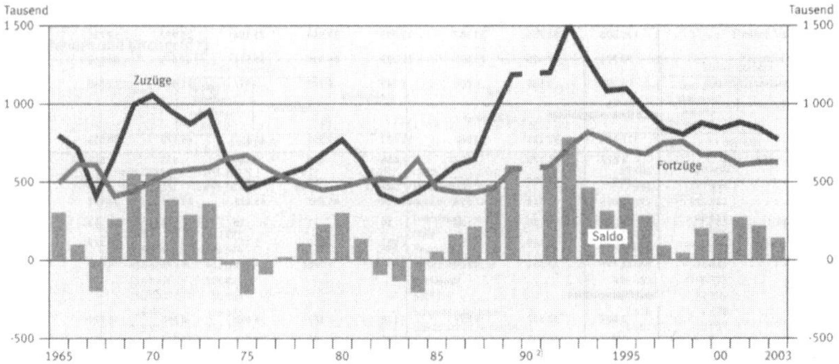

[39] In Deutschland werden im Kontext der Wanderungs- bzw. Migrationsstatistik die An- und Abmeldescheine, die aus den landesgesetzlichen Bestimmungen über das Meldewesen bei einem Wohnungswechsel auszufüllen sind, statistisch erfasst und ausgewertet. Aus statistisch-methodischer Sicht handelt es sich bei der Migrationsstatistik um eine Vorgangsstatistik, bei der eine Person im Verlaufe eines Zeitraumes mehrmals in ein geografisches Gebiet immigrieren bzw. aus einem geografischen Gebiet emigrieren und damit auch mehrmals statistisch erfasst werden kann. Da solche Mehrfacherfassungen in praxi vernachlässigbar selten sind, können die statistisch erfassten Immigrations- und Emigrationsvorgänge als Näherungen für die Anzahlen immigrierender bzw. emigrierender Personen aufgefasst und gedeutet werden. Analoge Aussagen gelten dann auch für den Migrationssaldo.

[40] Die CELSIUS-Temperaturskala, die nach dem schwedischen Naturforscher Anders CELSIUS (1701–1744) benannt ist, wird aus statistisch-methodischer Sicht als eine Intervallskala klassifiziert, da sie keinen natürlichen Nullpunkt und keine natürliche Maßeinheit besitzt.

[41] Im Unterschied zum Migrationssaldo, dessen zeitliche Oszillation und Entwicklung aus statistisch-methodischer Sicht mittels eines Balkendiagramms grafisch exakt dargestellt wurde, basiert die grafische Darstellung der zeitlichen Entwicklung der jährlich erfassten Zu- und Fortzüge jeweils auf einem Polygonzug. Beachtenswert ist dabei, dass lediglich die Knickstellen im jeweiligen Polygonzug die empirischen Beobachtungen repräsentieren. Die Werte zwischen den Knickstellen sind nicht definiert bzw. wurden statistisch nicht beobachtet. (Quelle: Statistisches Jahrbuch 2005 für die Bundesrepublik Deutschland, Seite 61)

Externe Migration. In der Abbildung 5-1 sind für den Beobachtungszeitraum von 1965 bis 2003 sowohl die beiden Polygonzüge der Zuzüge und der Fortzüge als auch die Oszillationen des Migrationssaldos in Gestalt eines Balkendiagramms bildhaft dargestellt. Da für die weiteren Betrachtungen vor allem die externe Migration[42] von Bedeutung ist, wird bereits anhand der Abbildung 5-1 augenscheinlich, dass sich Deutschland in den vergangenen vierzig Jahren aufgrund des unumstößlichen Faktums, dass die jährliche Zuwanderung nach Deutschland in der Regel die jährliche Abwanderung aus Deutschland übersteigt, de facto zu einem Einwanderungsland gewandelt hat.[43] Allein in den vergangenen zehn Jahren, also im Zeitraum von 1994 bis 2003, sind in Deutschland insgesamt 2,142 Millionen Personen mehr ein- als ausgewandert. Dies entspricht im Jahresdurchschnitt einem „positiven" Migrationssaldo von 214000 Personen. Bemerkenswert ist dabei, dass nahezu zwei Drittel der Migranten aus europäischen Ländern und (in logischer Konsequenz) nahezu ein Drittel der Migranten aus außereuropäischen Ländern stammen. Diese Relation gilt für die vergangenen zehn Jahre gleichermaßen für die Immigranten und für die Emigranten. Die Abbildungen 5-2 und 5-3 beschreiben bildhaft und statistisch einige Aspekte der aktuellen Immigrations- und Emigrationssituation in Deutschland.

Immigrationssituation. Die Beschreibung der aktuellen Immigrationssituation in Deutschland ist untrennbar verbunden mit der Beschreibung der ausländischen Bevölkerung[44], die zweifelsfrei den Kern des Immigrationsphänomens ausmacht. In der Abbildung 5-2 wird zum einen mit Hilfe eines Polygonzuges[45] die Entwicklung der ausländischen Bevölkerung in Deutschland in den letzten 35

---

[42] Von der externen Bevölkerungsmigration ist die interne Bevölkerungsmigration zu unterscheiden, welche die Wanderung der Bevölkerung innerhalb eines geografischen Gebiets, das in disjunkte Teilgebiete gegliedert ist, zum Gegenstand hat. Im achten Kapitel werden zum Beispiel Konsequenzen der innerdeutschen Migration von „Ost nach West" diskutiert.

[43] Das am 1. Januar 2005 in Kraft getretene „Gesetz zur Steuerung und Begrenzung der Zuwanderung und zur Regelung des Aufenthalts und der Integration von Unionsbürgern und Ausländern", kurz auch als Zuwanderungsgesetz bezeichnet, markierte im Vergleich zur Realität im De-facto-Einwanderungsland Deutschland um mindestens ein Vierteljahrhundert verspätet, auch „de iure" den Übergang Deutschlands von einem informellen Einwanderungsland zu einem formellen modernen Einwanderungsland mit entsprechenden gesetzlichen und administrativen Instrumentarien. In der Migrationsforschung wird ein Land, in dem die Zuwanderungen nahezu dauerhaft die Auswanderungen übersteigen, als ein informelles Einwanderungsland klassifiziert. (Quelle: Zuwanderungsland Deutschland, Migrationen 1500 – 2005, Katalog zur gleichnamigen Ausstellung im Deutschen Historischen Museum, Berlin 2005, Seite 48)

[44] In der Amtlichen Statistik zählen alle Personen, die nicht Deutsche im Sinne des Artikels 116, Absatz 1, des Grundgesetzes sind, worunter auch Staatenlose und Personen mit ungeklärter Staatsangehörigkeit gehören, zur ausländischen Bevölkerung.

[45] Beachtenswert ist im konkreten Fall, dass der Polygonzug auf einer äquidistanten Zeitpunktreihe basiert, welche in festen Zeitabständen von jeweils fünf Jahren die Anzahl in Deutschland lebender Ausländer (Angaben in Millionen Personen) zum Inhalt hat.

Jahren und zum anderen mittels eines PARETO-Diagramms die Anzahl der Ausländer in ihrer Gliederung nach den 22 am stärksten vertretenen Nationalitäten, welche zum Jahresende 2003 in Deutschland lebten, beschrieben.

Abbildung 5-2: Ausländische Bevölkerung in Deutschland[46]

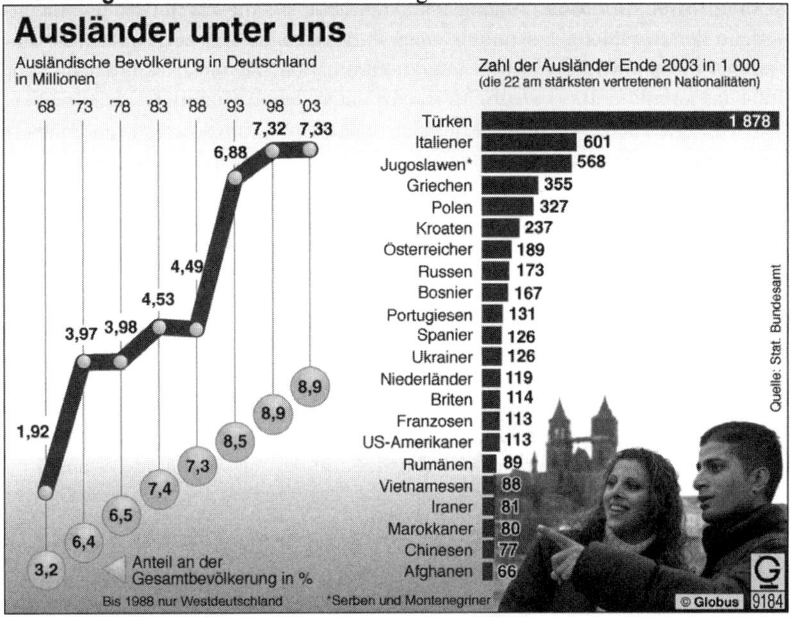

Demnach ist in Deutschland die ausländische Bevölkerung in den letzten 35 Jahren absolut um 7,33 – 1,92 = 5,41 Millionen Personen und relativ auf das 7,33/1,92 = 3,82-Fache bzw. um [(7,33/1,92) – 1]·100 % ≈ 282 % gewachsen. Im gleichen Zeitraum stieg der Anteil der Ausländer an der Gesamtbevölkerung von 3,2 % auf 8,9 % bzw. um 8,9 – 3,2 = 5,7 Prozentpunkte. Unter den 7,33 Millionen Ausländern, die zum Jahresende 2003 in Deutschland lebten, bildeten die 1,88 Millionen Türken, die derzeit wegen (1,88/7,33)·100 % ≈ 25,5 % ein Viertel der ausländischen Bevölkerung in Deutschland ausmachen, die mit Abstand größte Gruppe unter den 22 in Deutschland am stärksten vertretenen Nationalitäten. Die Dominanz der Personen türkischer Nationalität, die gegenwärtig in Deutschland leben, wird zahlenmäßig gleichsam durch die eingebürgerten und durch die asylsuchenden Personen untermauert. Während von den im Jahr 2004

[46] Quellen: Globus Infografik GmbH Hamburg, Grafik Nr. 9184/2004 und Statistisches Jahrbuch 2005 für die Bundesrepublik Deutschland, Seite 48 ff

insgesamt 127153 eingebürgerten Personen 44465 Personen bzw. (44465/127153)·100 % ≈ 35 % frühere Staatsangehörige der Türkei waren, stammen im gleichen Zeitraum von den insgesamt 35607 Asylsuchenden allein 8043 Asylsuchende bzw. (8043/35607)·100 % ≈ 22,5 % aus der Türkei.

Emigrationssituation. Analog zur Abbildung 5-2 beschreibt die Grafik innerhalb der Abbildung 5-3 mittels eines Polygonzuges und eines PARETO- Diagramms die aktuelle deutsche Emigrationssituation. Demnach kehrten im Jahr 2004 insgesamt 151000 Deutsche ihrem Vater- bzw. Mutterland den Rücken, wobei im gleichen Jahr die Vereinigten Staaten von Amerika und die Schweiz die beliebtesten Auswanderungsziele der deutschen Auswanderer waren.

Abbildung 5-3: Deutschlands Emigranten[47]

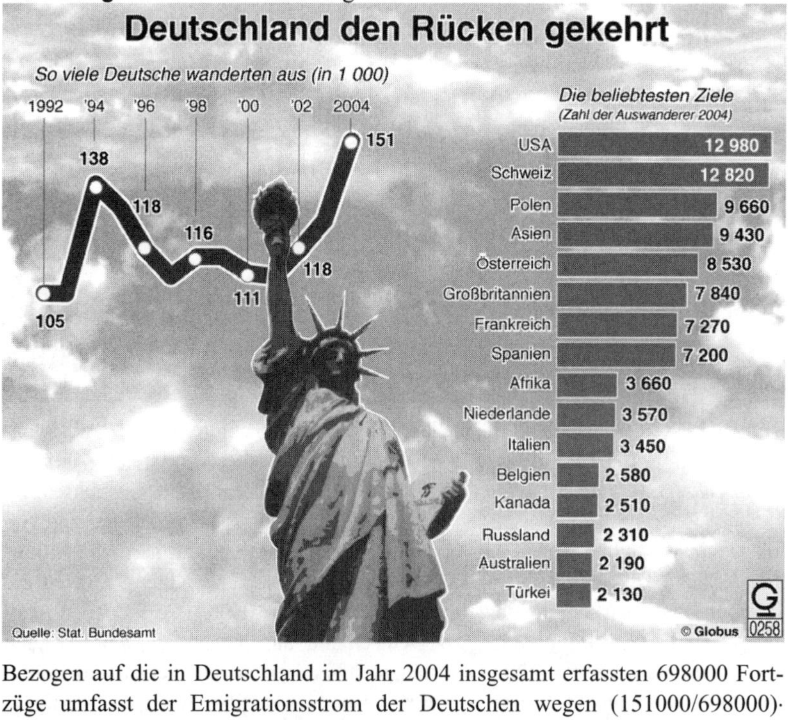

Bezogen auf die in Deutschland im Jahr 2004 insgesamt erfassten 698000 Fortzüge umfasst der Emigrationsstrom der Deutschen wegen (151000/698000)·100 % ≈ 21,6 % nur geringfügig mehr als ein Fünftel aller im Jahr 2004 statistisch erfassten Auswanderungen, die wiederum zu fast zwei Dritteln von der ausländischen Bevölkerung aus den europäischen Ländern getragen werden. ♣

[47] Quelle: Globus Infografik GmbH Hamburg, Grafik Nr. 0258/2005

6 Das Simulationsmodell

Eröffnungsbild. In der Abbildung 6-1 ist das Eröffnungsbild des grafischen Computermodells[48], das die Grundlage für die angestrebten Simulationen zur Bevölkerungsentwicklung bilden wird, dargestellt.

Abbildung 6-1: Eröffnungsbild des Simulationsmodells

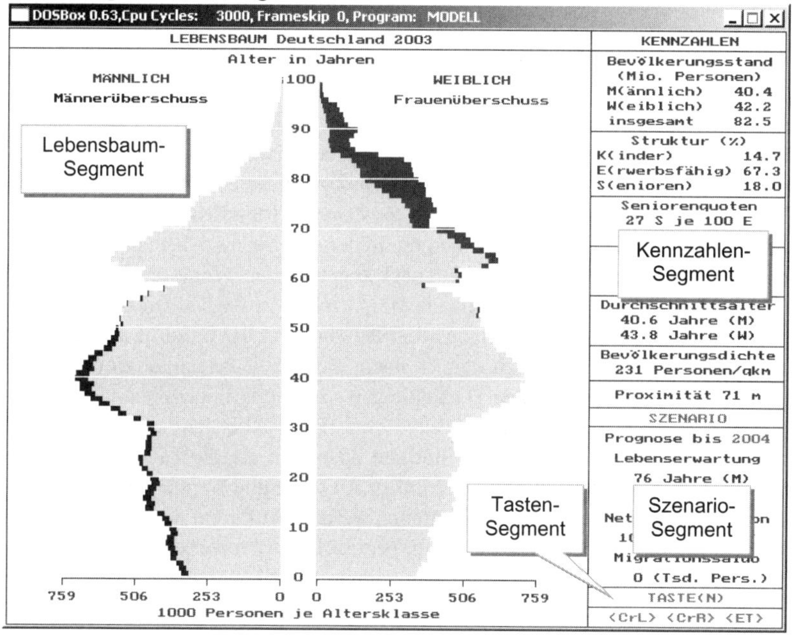

Bildschirmsegmente. Im Computermodell werden die Ausgangs- und die Simulationsergebnisse sowie der Dialog mit dem Anwender stets in vier Bildschirm-Segmenten präsentiert: i) im sogenannten Lebensbaum-Segment, in dem jeweils der geschlechtsspezifische Altersaufbau einer Bevölkerung für das Basis- und für das vereinbarte Prognosejahr grafisch dargestellt wird, ii) im sogenannten Kennzahlen-Segment, das sowohl für das Basis- als auch für das Prognosejahr elementare bevölkerungsstatistische Kennzahlen beinhaltet, iii) im sogenannten Szena-

[48] Das Simulationsmodell wurde vom Autor des Essays mittels der Programmiersprache TURBO PASCAL 5.5 erstellt. Zur Arbeit mit dem Simulationsmodell sind stets zwei externe Datendateien erforderlich: der Bevölkerungsstand für ein geografisches Gebiet in seiner Gliederung nach dem Geschlecht einerseits und die zugehörigen geschlechtsspezifischen Periodensterbetafeln andererseits.

rio-Segment, in welchem die Modellparameter optional vereinbart werden können und iv) im sogenannten Tasten-Segment, in welchem die für den jeweiligen „Dialog" des Anwenders mit dem Computermodell zulässigen und modellintern „freigeschalteten" Tasten der Computer-Tastatur vermerkt sind.

Lebensbaum-Segment. Im sogenannten Lebensbaum-Segment innerhalb der Abbildung 6-1 wird der geschlechtsspezifische Altersaufbau der deutschen Bevölkerung für das Ausgangsjahr 2003 und nach Ablauf einer Simulation für das jeweils optional vereinbarte Prognosejahr mittels zweier flächenproportionaler geschlechtsspezifischer Histogramme grafisch dargestellt. Bei der sachlogischen Deutung der geschlechtsspezifischen Altersverteilungen ist gemäß der Ausführungen im Kontext des zweiten Kapitels zu beachten, dass die absoluten Häufigkeiten der geschlechtsspezifischen und äquidistanten Altersklassen jeweils durch die Flächen der aneinander grenzenden Histogrammsäulen repräsentiert werden. Da im konkreten Fall jeweils von einer konstanten Altersklassenbreite von einem Altersjahr ausgegangen wird, können die in der Abbildung 6-1 in einem äquidistanten Abstand von 253 auf der Abszisse abgetragenen Werte 0, 253, 506, 759 als niveaubezogene Markierungen für die Anzahl von weiblichen bzw. männlichen Personen (Angaben jeweils in 1000 Personen) in der jeweiligen Altersklasse interpretiert werden. Hinzu kommt noch, dass im Unterschied zu der in der deskriptiven Statistik üblichen Darstellungsweise beim „Lebensbaum" die äquidistanten Altersklassen mit einer Breite von einem Altersjahr auf der „mittig" platzierten Ordinate und die zugehörigen absoluten Klassenhäufigkeitsdichten für die männlichen Personen auf der linken Abszisse und für die weiblichen Personen auf der rechten Abszisse abgetragen werden. Aufgrund dessen, dass innerhalb der Abbildung 6-1 die geschlechtsspezifischen Altersverteilungen in Gestalt der beiden flächenproportionalen Histogramme nicht kongruent sind, liefert ihre gegenseitige Spiegelung im unteren Altersbereich den dunkelgrau (im Original blau) markierten Männerüberschuss und analog im oberen Altersbereich den gleichsam dunkelgrau (im Original rot) markierten Frauenüberschuss.

Kennzahlen-Segment. Im sogenannten Kennzahlen-Segment werden stets für das Basisjahr 2003 und für das optional vereinbarte Prognosejahr die folgenden bevölkerungsstatistischen Kennzahlen ausgewiesen: 1) **Bevölkerungsstand**. Der erste Kennzahlenblock beschreibt den Bevölkerungsstand insgesamt und in seiner Gliederung nach dem Geschlecht (Angaben jeweils in Millionen Personen). Demnach lebten im Jahresdurchschnitt 2003 in Deutschland insgesamt 82,5 Millionen Personen, wovon 42,2 Millionen Personen weiblichen und 40,4 Millionen Personen männlichen Geschlechts waren. 2) **Bevölkerungsstruktur**. Der zweite Kennzahlenblock beinhaltet die Bevölkerungsstruktur (Angaben jeweils in Prozent) in ihrer Gliederung nach Kindern (Personen bis unter 15 Altersjahre), Erwerbsfähigen (Personen mit 15 Altersjahren oder mehr, aber weniger als 65 Altersjahren) und Senioren (Personen mit 65 oder mehr Altersjahren). Die prozentuale Bevölkerungsstruktur Deutschlands ergab (unter Vernachlässigung von Rundungsdifferenzen) für das Jahr 2003 das folgende Bild: 14,6 % der gesamten Bevölkerung waren Kinder, 68,4 % Erwerbsfähige und 18 % Senioren. 3) **Seniorenquoten**. Der dritte Kennzahlenblock umfasst die sogenannten Seniorenquoten, die als spezielle Beziehungszahlen zum einen die Anzahl der Senioren je 100 Erwerbsfähige und zum anderen die Anzahl der Senioren je 100 Kinder zum Inhalt haben und die jeweils die „Mächtigkeitsrelation" einer Seniorengeneration im Vergleich zu einer Kindergeneration bzw. zu einer Erwerbsfähigengeneration zahlenmäßig beschreiben sollen. Während in Deutschland im Jahresdurchschnitt 2003 auf 100 erwerbsfähige Personen 27 Senioren entfielen, standen im gleichen Zeitraum im Mittel 100 Kindern 122 Senioren gegenüber. 4) **Medianalter**. Der vierte Kennzahlenblock umfasst die geschlechtsspezifischen Medianalter (Angaben in Jahren). Demnach war in Deutschland im Jahre 2003 die Hälfte der männlichen Bevölkerung jünger bzw. älter als 40,1 Jahre und die Hälfte der weiblichen Bevölkerung jünger bzw. älter als 42,7 Jahre. 5) **Durchschnittsalter**. Der fünfte Kennzahlenblock beschreibt die geschlechtsspezifischen Durchschnittsalter (Angaben in Jahren), die sich in Deutschland im Jahre 2003 bei der männlichen Bevölkerung auf 40,6 Jahre und bei der weiblichen Bevölkerung auf 43,8 Jahre beliefen. 6) **Bevölkerungsdichte**. Im sechsten Kennzahlenblock wird die Bevölkerungsdichte (Angaben in Personen je Quadratkilometer Katasterfläche) ausgewiesen. Demnach lebten im Jahresdurchschnitt 2003 in Deutschland im Durchschnitt 231 Personen auf einem Quadratkilometer Katasterfläche. 7) **Proximität**. Im siebenten Kennzahlenblock wird schließlich und endlich die Proximität[49] (Angaben in Metern) für das Basisjahr 2003 und das optional vereinbarte Prognosejahr angegeben. Im Jahr 2003 beläuft sich für die Bundesrepublik Deutschland die Proximität auf 71 m. Demnach beliefe sich der mittlere Abstand von Person zu Person auf 71 m, wenn man sich die gesamte Bevölkerung Deutschlands im Jahr 2003 gleichmäßig auf seine Katasterfläche von insgesamt 357030 Quadratkilometern verteilt denken würde.

[49] Bei der Berechnung der Proximität geht man von folgenden Prämissen aus: Die Katasterfläche eines geografischen Gebiets wird in regelmäßige Sechsecke derart aufgeteilt, dass die Anzahl der regelmäßigen Sechsecke mit dem Bevölkerungsstand des geografischen Gebiets übereinstimmt. Die Fläche eines Sechsecks ist dann identisch mit der Katasterfläche, die im Mittel auf eine Person entfällt. Die mittlere Katasterfläche für eine Person wird in der Bevölkerungsstatistik als Arealitätsziffer bezeichnet und ist identisch mit dem reziproken Wert der Bevölkerungsdichte. Denkt man sich jeweils in den Mittelpunkt eines regelmäßigen Sechsecks eine Person platziert, dann misst die Proximität den Abstand von einer Person zu einer anderen Person, wobei allgemein die folgende Berechnungsvorschrift gilt: Proximität = $\sqrt{[2/(\text{Bevölkerungsdichte}\cdot\sqrt{3})]}$. (Quelle: ECKSTEIN, Peter et al.: Lexikon Statistik, RÖNZ, STROHE (Hrsg.), Gabler Verlag Wiesbaden 1994, Seite 292 ff)

Szenario-Segment. Im sogenannten Szenario-Segment können die Modellparameter optional vereinbart werden, die im Zuge der zu simulierenden Szenarien zur Bevölkerungsentwicklung als „Modellstellschrauben" fungieren[50]. 1) **Prognosehorizont**. Der erste optional wählbare Modellparameter ist der Prognosehorizont, der in Einerschritten auf maximal 100 Prognoseschritte festgelegt werden kann. Da im konkreten Fall das Jahr 2003 als Basisjahr fungiert, ist das erste mögliche Prognosejahr das Jahr 2004 und per analogiam das Jahr 2104 das maximal mögliche Prognosejahr. 2) **Lebenserwartung**. Im zweiten Parameterblock ist es jeweils möglich, die mittlere ferne Lebenserwartung eines lebendgeborenen Knaben bzw. eines lebend geborenen Mädchens optional zu vereinbaren. Auf Grund dessen, dass im konkreten Fall das Simulationsmodell auf der Periodensterbetafel 2001/03 für Deutschland basiert, wird gemäß der Ausführungen im Kontext des dritten Kapitels für einen lebendgeborenen Knaben eine mittlere ferne Lebenserwartung von 76 Jahren und für ein lebendgeborenes Mädchen eine mittlere ferne Lebenserwartung von 81 Jahren berechnet und ausgewiesen. Wird der jeweilige geschlechtsspezifische Lebenserwartungsparameter verändert, so werden modellintern die altersspezifischen Sterbewahrscheinlichkeiten iterativ mit einem Inkrement bzw. mit einem Dekrement von jeweils $1 \cdot 10^{-5} = 0{,}00001$ solange schrittweise erhöht bzw. gesenkt, bis sich die jeweils optional vereinbarte mittlere ferne Lebenserwartung eines lebend geborenen Knaben bzw. Mädchens rechnerisch ergibt. 3) **Nettoreproduktion**. Im dritten Parameterblock kann die Nettoreproduktionsrate optional vereinbart werden, die per Standardeinstellung auf 100 Töchter je 100 Frauen im fertilen Alter „eingestellt" ist und deren innere Logik und Konstruktion im Kontext des vierten Kapitels skizziert wurde. Im Modellbaustein, der zur Simulation der Bevölkerungsreproduktion dient, wird zudem gemäß Abbildung 4-3 von einer konstanten Sexualproportion von 1055 lebendgeborenen Knaben je 1000 lebendgeborene Mädchen ausgegangen. 4) **Migrationssaldo**. Der letzte Modellparameter, der optional vereinbart werden kann, ist der Migrationssaldo (Angaben in Tausend Personen), der per Standardeinstellung auf dem Niveau „null" eingestellt ist und der hinsichtlich seiner Berechnung und zeitlichen Entwicklung im fünften Kapitel dargestellt wurde. Der Einfachheit halber kann der Migrationssaldo optional in 50er Schritten erhöht bzw. vermindert werden, wobei ein Inkrement bzw. ein Dekrement von 50 einer absoluten Veränderung des Migrationssaldos von 50000 Personen entspricht.

---

[50] Beachtenswert ist dabei, dass die jeweils optional vereinbarten Parameter im jeweiligen Szenario über den gesamten Prognosezeitraum hinweg als unveränderlich gelten. Gleichwohl eine Dynamisierung der Modellparameter zweifelsfrei eleganter und auch realitätsnäher wäre, hätte diese „gewünschte" Dynamisierung auch ihren Preis: Zum einen wäre die Modellkonstruktion komplexer und weniger überschaubar und zum anderen liefern „kompliziertere" Modelle nicht immer mit Notwendigkeit auch „bessere" Ergebnisse als „einfachere" Modelle.

Migrationsmodul. Untrennbar mit der optionalen Festlegung des Migrationssaldos ist das modellinterne Migrationsmodul, das in seiner Konstruktion auf einer Dreieck-Verteilung, auch SIMPSON-Verteilung[51] genannt, beruht. Das Migrationsmodul basiert auf der sachlogisch plausiblen Annahme, dass das Alter einer emigrierenden bzw. immigrierenden männlichen bzw. weiblichen Person über dem geschlossenen Altersintervall [0 Jahre, 60 Jahre] eine stetige und dreieckverteilte Zufallsvariable A mit der folgenden Dichtefunktion $f_A(x)$ ist:

$$f_A(x) = \begin{cases} \frac{1}{900} \cdot x & \text{für} \quad 0 < x < 30 \\ \frac{1}{900} \cdot (60 - x) & \text{für} \quad 30 \leq x \leq 60 \end{cases}.$$

Da man für die dreieckverteilte Zufallsvariable A im konkreten Fall einen Erwartungswert von $\mu_A = E(A) = (0 + 60)/2 = 30$ Jahren und eine Standardabweichung von $\sigma_A = ((60 - 0)^2/24)^{1/2} \approx 12{,}24$ Jahre berechnet, wird mit der Verteilungsannahme zudem unterstellt, dass erwartungsgemäß das mittlere Alter von immigrierenden bzw. emigrierenden Personen bei 30 Jahren liegt und die Mehrheit der immigrierenden bzw. emigrierenden Personen wegen $\mu_A \pm \sigma_A$ älter als 30 – 12 = 18 Jahre und jünger als 30 + 12 = 42 Jahre ist. Aufgrund dessen, dass man im Kontext von Simulationen zur Bevölkerungsentwicklung stets bestrebt ist, eine bestimmte Anzahl von immigrierenden bzw. emigrierenden Personen, die erfassungsstatistisch im Migrationssaldo zahlenmäßig abgebildet und „saldiert" werden, auf die Altersjahrgänge eines Bevölkerungsbestandes „modellhaft zu verteilen", überzeugt man sich anhand der folgenden Überlegungen leicht von deren inneren Logik: Bezeichnet $P(25 \leq A < 30)$ die Wahrscheinlichkeit dafür, dass zum Beispiel eine zufällig ausgewählte immigrierende männliche Person 25 Jahre oder älter, aber jünger als 30 Jahre ist, dann beträgt unter den gegebenen bzw. angenommenen Bedingungen die interessierende Wahrscheinlichkeit

$$P(25 \leq A < 30) = \int_{25}^{30} \frac{1}{900} \cdot x \, dx = \frac{1}{900} \cdot \left[\frac{x^2}{2} \right]_{25}^{30} = \frac{1}{900} \cdot \left[\frac{30^2}{2} - \frac{25^2}{2} \right] \approx 0{,}1528.$$

Unterstellt man einmal weiterhin, dass im Verlaufe eines Jahres 100000 männliche Personen, die höchstens 60 Jahre alt sind, immigrieren, dann wären unter diesen 100000 männlichen Immigranten insgesamt $0{,}1528 \cdot 100000 = 15280$

[51] Die Dichtefunktion einer dreieckverteilten Zufallsvariable besitzt über einem geschlossenen Intervall [a, b] die Gestalt eines gleichschenkligen Dreiecks. Gleichwohl die Dichtefunktion einer dreieckverteilten Zufallsvariable einfach zu bestimmen ist, hat diese Einfachheit auch ihren Preis: Die Dichtefunktion besitzt an den drei reellwertigen Ecken a, (a + b)/2 und b jeweils eine „Knickstelle", an denen die Dichtefunktion nicht differenzierbar bzw. integrierbar ist. (vgl. ECKSTEIN, Peter P.: Repetitorium Statistik, Deskriptive Statistik, Stochastik, Induktive Statistik, Mit Klausuraufgaben und Lösungen, Lehrbuch, 5. vollständig überarbeitete und erweiterte Auflage, GABLER Verlag Wiesbaden 2003, Seite 218 ff)

männliche Personen im Alter zwischen 25 und 30 Jahren. Diese elementaren wahrscheinlichkeitstheoretischen Überlegungen lassen sich gleichermaßen auf den Migrationssaldo und auf die 100 Altersklassen mit einer Breite von einem Altersjahr erweitern und verallgemeinern. Beachtenswert ist in diesem Zusammenhang ein simpler und leicht nachvollziehbarer Effekt, der sich aus der Betrachtung des Migrationssaldos, welcher per Definition sowohl positive als auch negative Werte annehmen kann, ergibt und zur Veranschaulichung in den Abbildungen 6-2 und 6-3 auf der Grundlage einer fiktiven Kohorte von 100000 Personen und unter Verwendung der Periodensterbetafel 2001/03 für Deutschland plakatiert ist.

Abbildung 6-2: Immigrationseffekt

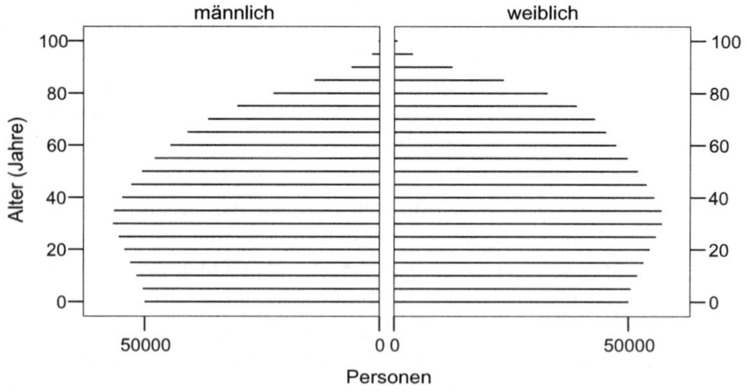

Abbildung 6-3: Emigrationseffekt

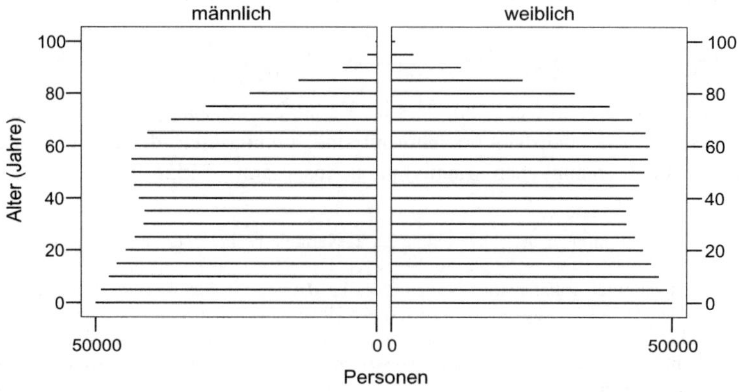

Immigrationseffekt. Unterstellt man der Einfachheit und Anschaulichkeit halber einmal für ein bestimmtes Jahr einen positiven Migrationssaldo von 200000 Personen, dann ergibt sich bei Unterstellung einer geschlechtsparitätischen Verteilung von jeweils 100000 männlichen bzw. weiblichen Personen der in der Abbildung 6-2 skizzierte und sogenannte Immigrationseffekt, der sich bildhaft in einem geschlechtsspezifischen und über dem geschlossenen Altersintervall [0 Jahre, 60 Jahre] dreieckverteilten Bevölkerungszuwachs entäußert.

Emigrationseffekt. Demgegenüber erzeugt ein negativer Migrationssaldo von –200000 Personen bei Unterstellung einer geschlechtsparitätischen Verteilung von jeweils –100000 männlichen bzw. –100000 weiblichen Personen einen sogenannten Emigrationseffekt, der in der Abbildung 6-3 skizziert ist und bildhaft in logischer Konsequenz in einem geschlechtsspezifischen und über dem geschlossenen Altersintervall [0 Jahre, 60 Jahre] dreieckverteilten Bevölkerungsrückgang kulminiert, zumal im Verlaufe eines Jahres geschlechtsparitätisch jeweils 100000 Personen mehr das Land verlassen als in das Land einwandern.

Tasten-Segment. Im sogenannten Tasten-Segment, das gemäß Abbildung 6-1 stets unten rechts platziert und mit „TASTE(N)" überschrieben ist, werden die jeweiligen Tasten der Computer-Tastatur angezeigt, die einen „Dialog" zwischen dem Anwender und dem Simulationsmodell ermöglichen. Die eingangs benannten und skizzierten Modellparameter können in ihren Werten demnach mit den Cursor-Tasten ← (Cursor links, CrL) bzw. → (Cursor rechts, CrR) vermindert bzw. erhöht bzw. beibehalten und mit der Enter-Taste ↵ bestätigt bzw. fixiert werden. Sind alle Szenario-Parameter festegelegt, dann kann mit dem Betätigen der Taste <w> ein Modellszenario neu gestartet werden. Dabei werden jeweils die beiden externen Datendateien, die im konkreten Fall den Bevölkerungsstand und die Periodensterbetafel 2001/03 für Deutschland beinhalten, „neu geladen", aufbereitet und sowohl grafisch als auch zahlenmäßig in den jeweiligen Segmenten dargestellt werden. Das Betätigen der Taste <e> ermöglicht es, das Computerprogramm ordnungsgemäß zu beenden.

Modellszenario. Hat man schließlich und endlich via Tastatur mittels der linken bzw. der rechten Cursor-Taste die Modellparameter für ein interessierendes Szenario vereinbart und jeweils mit der Enter-Taste quittiert, dann wird das Modellszenario rechnerintern derart umgesetzt, dass im Lebensbaum-Segment der grafisch präsentierte Altersaufbau einer interessierenden Bevölkerung über die Länge des optional vereinbarten Prognosezeitraumes hinweg derart dynamisiert wird, dass das Szenario gleichsam wie „ein Film abläuft". Ist das letzte Jahr des Prognosehorizontes erreicht, dann werden die jeweiligen „finalen" bevölkerungsstatistischen Kennzahlen berechnet und im Kennzahlen-Segment bereitgestellt. Die Computersimulation kann nunmehr bei einer erneuten Vereinbarung der Modellparameter wiederholt oder beendet werden. ♣

7 Szenarien der Bevölkerungsentwicklung

Abgrenzung. Stellvertretend für die babylonische Vielzahl von Szenarien zur Bevölkerungsentwicklung in Deutschland, die man mit Hilfe des grafischen Simulationsmodells bewerkstelligen kann, das im sechsten Kapitel hinsichtlich seiner Bestandteile beschrieben wurde, sollen nachfolgend nur einige ausgewählte Szenarien vorgestellt werden, die für die weiteren Betrachtungen von Relevanz und von Interesse sind. Zur inhaltlichen Abgrenzung werden die Szenarien wie folgt klassifiziert und semantisch unterschieden: erstens in die sogenannten Status-quo-Szenarien und zweitens in die sogenannten Wunschtraum-Szenarien.

Prognose-Crux. Obwohl die folgenden zehn dekadisch gestuften Status-quo-Szenarien für die Jahre 2010, 2020 bis 2103 weniger fragwürdig erscheinen hinsichtlich der zu treffenden Annahmen, so erscheinen aus statistisch-methodischer Sicht vor allem die letzten fünf Szenarien mehr als fragwürdig und gewagt, zumal für diese der Prognosehorizont mehr als die Hälfte der Länge des Beobachtungszeitraumes ausmacht, der in der Bevölkerungsstatistik traditionell auf 100 Jahre fixiert ist. Wenn im Folgenden dennoch die Status-quo-Szenarien in Gänze dargestellt werden, dann einzig und allein aus didaktischen Gründen, welche zum einen das virtuelle Aussterben einer Bevölkerungskohorte und zum anderen die Crux[52] einer statistischen Prognose verdeutlichen sollen. ♣

Status-quo-Szenarien

Prämissen. Die Darstellung der Status-quo-Szenarien zur Bevölkerungsentwicklung in Deutschland basiert auf den folgenden Prämissen: Für das 21. Jahrhundert wird beginnend mit dem Prognosejahr 2010 im Abstand von jeweils zehn Jahren eine Bevölkerungsprognose unter der Annahme erstellt, dass in Deutschland auch weiterhin die Fertilitäts-, Mortalitäts- und Migrationsverhältnisse existieren, wie sie eingangs des 21. Jahrhunderts zu beobachten waren. Im Szenario-Segment des Computermodells wird lediglich das jeweilige Prognosejahr in seinen Werten variiert. Die restlichen „Modellstellschrauben" werden für alle nachfolgenden Bevölkerungsprojektionen gemäß der Abbildungen 7-1 bis 7-10 auf die folgenden Werte „fixiert": Die mittlere ferne Lebenserwartung eines lebend geborenen Knaben beläuft sich auf 76 Jahre und die eines lebend geborenen Mädchens auf 81 Jahre. Die Nettoreproduktionsrate wird auf 64 Töchter je 100 Frauen im fertilen Alter festgelegt. Zum Schluss wird ein positiver Migrationssaldo von 100000 Personen vereinbart.

[52] Die statistische „Prognose-Crux" lässt sich recht anschaulich mittels des folgenden Gleichnisses erklären: Die Statistiker sind zwar in der Lage, anspruchsvolle Prognosemodelle zu konstruieren und damit Prognosen zu erstellen, sie können uns aber nicht sagen, ob die Prognosen auch so eintreffen werden.

Szenario 2010. In der Abbildung ist 7-1 ist das Prognose-Szenario für die deutsche Bevölkerung im Jahr 2010 dargestellt, wobei im grafisch präsentierten Altersaufbau die prognostizierten und geschlechtsspezifischen Personenanzahlen dunkelgrau (im Original grün) markiert sind.

Abbildung 7-1: Szenario 2010 für Deutschland

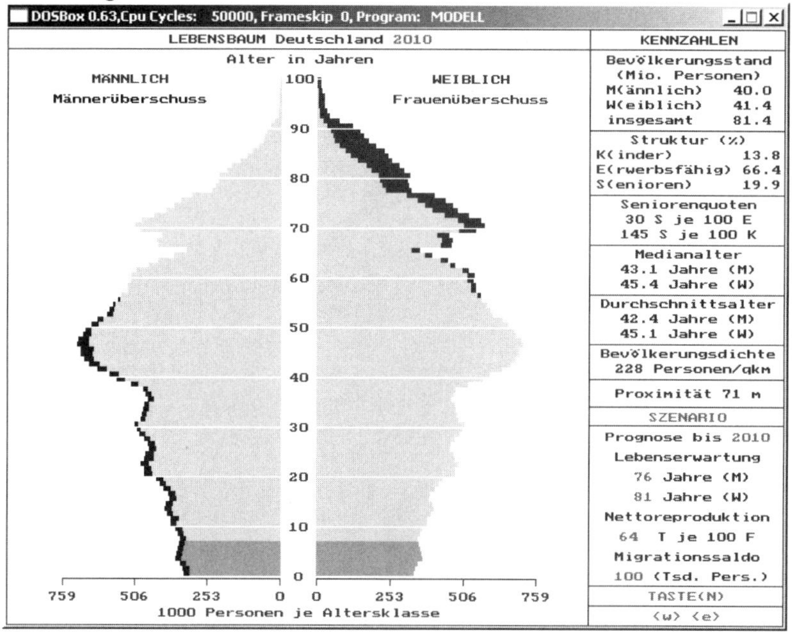

Unter Beachtung der eingangs vereinbarten Prämissen würde die Bevölkerung Deutschlands im Jahr 2010 auf insgesamt 81,4 Millionen Personen schrumpfen. Der Bevölkerungsstand in seiner Gliederung nach dem Geschlecht beliefe sich demnach auf 40,0 Millionen männliche Personen und 41,4 Millionen weibliche Personen. Die Bevölkerungsstruktur das folgende Bild: 13,8 % Kinder, 66,4 % Erwerbsfähige und 19,9 % Senioren. Die Senioren-Mächtigkeit und die Alterung ergäben das folgende Bild: Auf 100 Erwerbsfähige entfielen im Mittel 30 Senioren und 100 Kindern stünden im Mittel 145 Senioren gegenüber. Während die Hälfte der männlichen Bevölkerung mindestens 43,1 Jahre alt wäre, läge das Medianalter bei der weiblichen Bevölkerung bei 45,4 Jahren. Das Durchschnittsalter läge beim männlichen Geschlecht bei 42,4 Jahren und beim weiblichen Geschlecht 45,1 Jahren. Die Bevölkerungsdichte beliefe sich auf 228 Personen je km² Katasterfläche. Dies entspräche einer Proximität von 71 Metern.

Szenario 2020. In der Abbildung 7-2 ist das Prognose-Szenario für die deutsche Bevölkerung im Jahr 2020 bildhaft dargestellt, wobei analog zur Abbildung 7-1 im grafisch präsentierten Altersaufbau die prognostizierten und geschlechtsspezifischen Personenanzahlen dunkelgrau (im Original grün) markiert sind.

Abbildung 7-2: Szenario 2020 für Deutschland

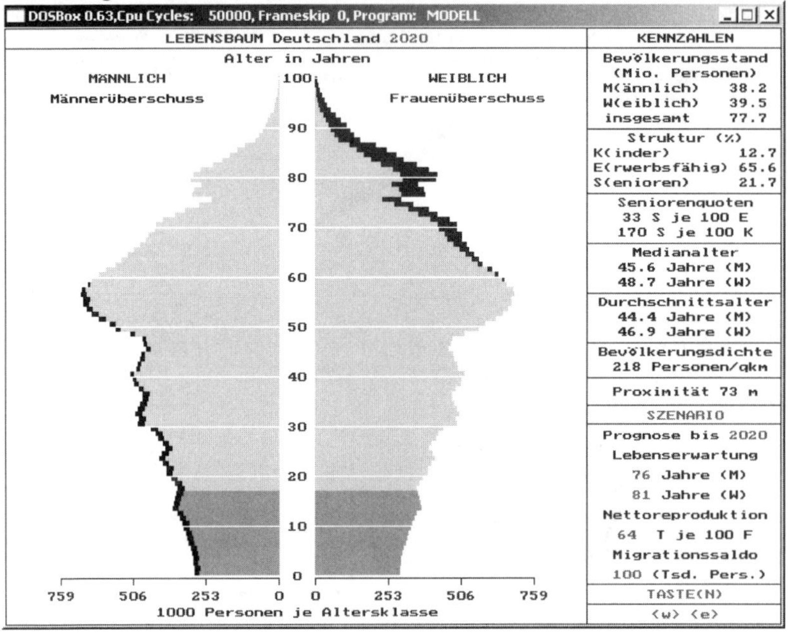

Demnach würde im Jahr 2020 die deutsche Bevölkerung auf insgesamt 77,7 Millionen Personen und in ihrer Gliederung nach dem Geschlecht auf 38,2 Millionen männliche Personen und 39,5 Millionen weibliche Personen schrumpfen. Die prozentuale Bevölkerungsstruktur ergäbe das folgende Bild: 12,7 % Kinder, 65,6 % Erwerbsfähige und 21,7 % Senioren. Die zunehmende Senioren-Mächtigkeit und Alterung der Bevölkerung würden durch die folgenden Maßzahlen unterlegt: Im Mittel stünden bereits 33 Senioren 100 Erwerbsfähigen und insgesamt 170 Senioren 100 Kinder gegenüber. Während die Hälfte der männlichen Bevölkerung mindestens 45,6 Jahre alt wäre, läge das Medianalter bei der weiblichen Bevölkerung bereits bei 48,7 Jahren. Das Durchschnittsalter läge beim männlichen Geschlecht bei 44,4 Jahren und beim weiblichen Geschlecht 46,9 Jahren. Die Bevölkerungsdichte beliefe sich auf 218 Personen je Quadratkilometer Katasterfläche. Dies entspräche einer Proximität von bereits 73 Metern.

Szenario 2030. In der Abbildung 7-3 ist das Prognose-Szenario für die deutsche Bevölkerung im Jahr 2030 bildhaft dargestellt, wobei analog zwei zu den vorhergehenden Abbildungen im Altersaufbau die geschlechtsspezifischen Bevölkerungsprognosen dunkelgrau (im Original grün) markiert sind.

Abbildung 7-3: Szenario 2030 für Deutschland

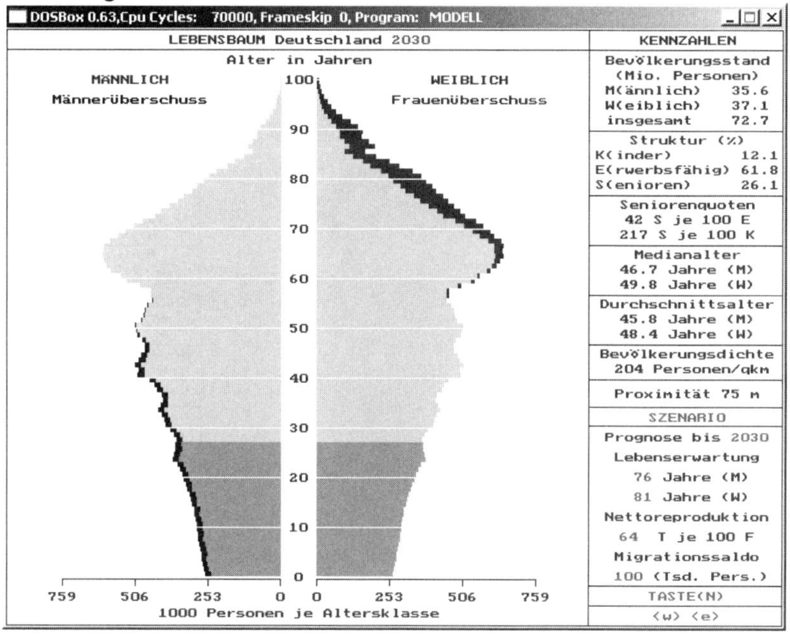

Dem Szenario gemäß würde ceteris paribus im Jahr 2030 die deutsche Bevölkerung in ihrer prozentualen Struktur von 12,1 % Kindern, 61,8 % Erwerbsfähigen und 26,1 % Senioren auf insgesamt 72,7 Millionen Personen schrumpfen. Dies wäre im Vergleich zum Basisjahr 2003 ein absoluter Bevölkerungsrückgang um insgesamt zehn Millionen Personen. Alarmierend sind vor allem die Veränderungen in den Seniorenquoten: Demnach müssten im Jahr 2030 im Durchschnitt 100 Erwerbsfähige für 43 Senioren aufkommen und bereits 217 Großeltern würden sich voraussichtlich um die Gunst von lediglich 100 Enkelkindern streiten. Zudem scheinen die Maßzahlen zur Beschreibung des Alterungsprozesses der deutschen Bevölkerung bevölkerungsstatistische Schallmauern zu überschreiten: Die Hälfte aller weiblichen Personen wäre im Jahr 2030 bereits älter als 50 Jahre. Erfreulich sind nur die Maßzahlen der Besiedlungsdichte: Während die Bevölkerungsdichte auf 204 Personen je km² fällt, steigt die Proximität auf 75 m.

Szenario 2040. In der Abbildung 7-4 ist das Prognose-Szenario für die deutsche Bevölkerung im Jahr 2040 bildhaft dargestellt, wobei analog zu den drei vorhergehenden Abbildungen die geschlechtsspezifischen Bevölkerungsprognosen im Lebensbaum dunkelgrau (im Original grün) gekennzeichnet sind.

Abbildung 7-4: Szenario 2040 für Deutschland

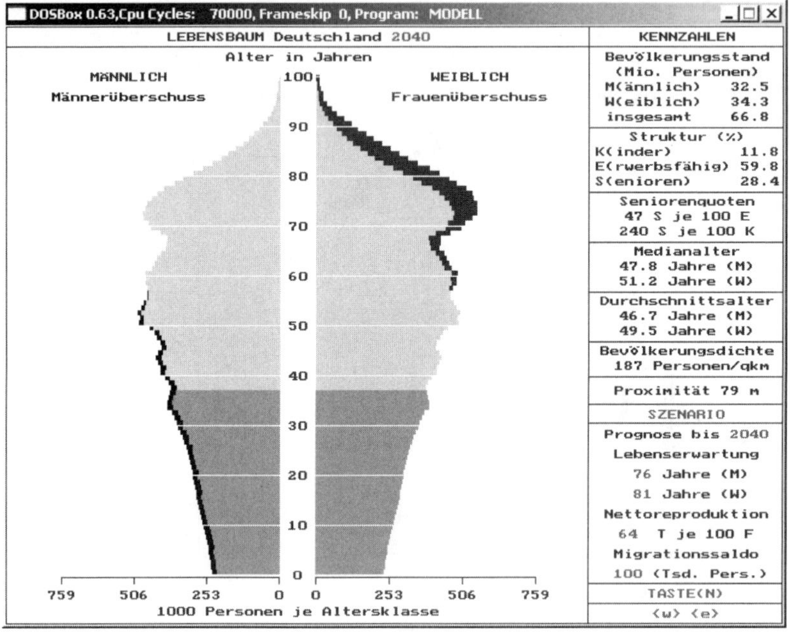

Ceteris paribus würde im Jahr 2040 die deutsche Bevölkerung insgesamt nur noch 66,8 Millionen Personen umfassen. Gleich, welcher bevölkerungsstatistischen Maßzahl man sich auch bedient, sie alle verheißen wenig Erfreuliches: Demnach stünden im Jahr 2040 einer Person im Seniorenalter nur noch zwei Erwerbsfähige gegenüber und es gäbe im „Seniorenstift Deutschland" 2,4 mal mehr Senioren als Kinder. Das Gespenst der Gerontokratie, das in Deutschland umherginge und die Allmacht der Alten über die restliche Gesellschaft symbolisieren würde, wäre vermutlich alles andere als eine bloße Fiktion. Politik und Wirtschaft würden interessengeleitet vermutlich ihr Augenmerk weniger auf die Jugend, als vielmehr auf die „Alten" legen, zumal die Hälfte aller Männer älter als 48 Jahre und die Hälfte aller Frauen älter als 51 Jahre wäre. Lediglich ein kleiner Trost bliebe noch: Der mittlere Abstand von Person zu Person würde sich geringfügig vergrößern und beliefe sich nunmehr auf etwa 80 m.

Szenario 2050. In der Abbildung 7-5 ist unter Beachtung der eingangs formulierten Prämissen in der chronologischen Abfolge und analog zu den vorhergehenden Abbildungen das Prognose-Szenario für die deutsche Bevölkerung im Jahr 2050 bildhaft und zahlenmäßig dargestellt.

Abbildung 7-5: Szenario 2050 für Deutschland

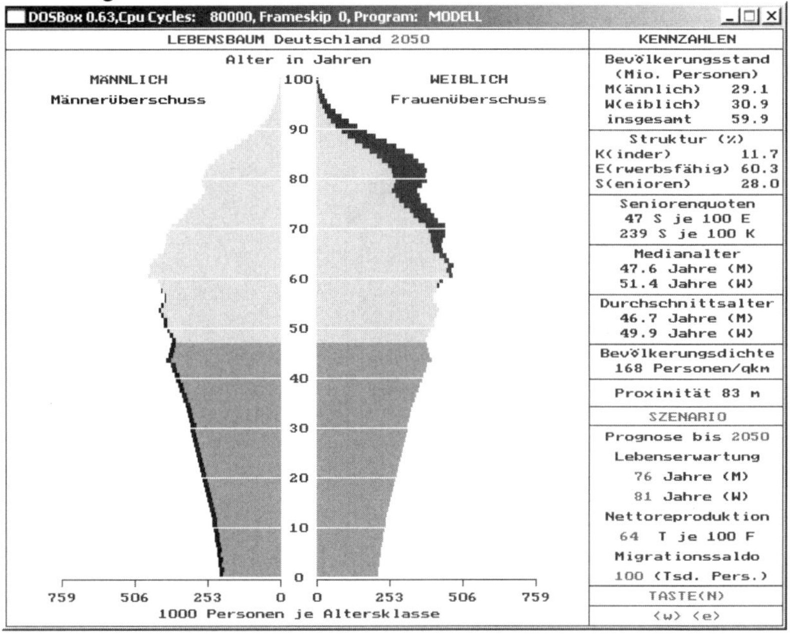

Gemäß dieser Projektion würden in knapp fünfzig Jahren die Deutschen nur noch ein Volk von ca. 60 Millionen Personen sein, in der nahezu die Hälfte der Bevölkerung mindestens 50 Jahre alt wäre, sich nur knapp 12 % der Bevölkerung im Kindesalter, knapp 60 % im erwerbsfähigen Alter und nahezu 28 % im Seniorenalter befinden würden. Mit einer Bevölkerungsdichte von 168 Einwohnern je km² und einer Proximität von 83 m entsprächen im Jahr 2050 die Besiedlungsverhältnisse in Deutschland in etwa den heutigen Besiedlungsverhältnissen in der Schweiz. Dies wäre keine apokalyptische Vision. Apokalyptisch mutet eher die bereits hier augenscheinliche, in rasantem Tempo fortschreitende und irreversible Schrumpfung der deutschen Bevölkerung an. Demgegenüber scheinen sich in Deutschland erst in der Mitte des 21. Jahrhunderts die demografischen Verhältnisse derart zu stabilisieren, dass sowohl die Bevölkerungsstruktur und als auch die Bevölkerungsalterung sich zahlenmäßig nur noch geringfügig verändern.

Szenario 2060. In der Abbildung 7-6 ist analog zu den vorhergehenden Abbildungen in der chronologischen Reihenfolge und unter Berücksichtigung der eingangs formulierten Prämissen das Prognose-Szenario für die deutsche Bevölkerung im Jahr 2060 bildhaft und zahlenmäßig dargestellt.

Abbildung 7-6: Szenario 2060 für Deutschland

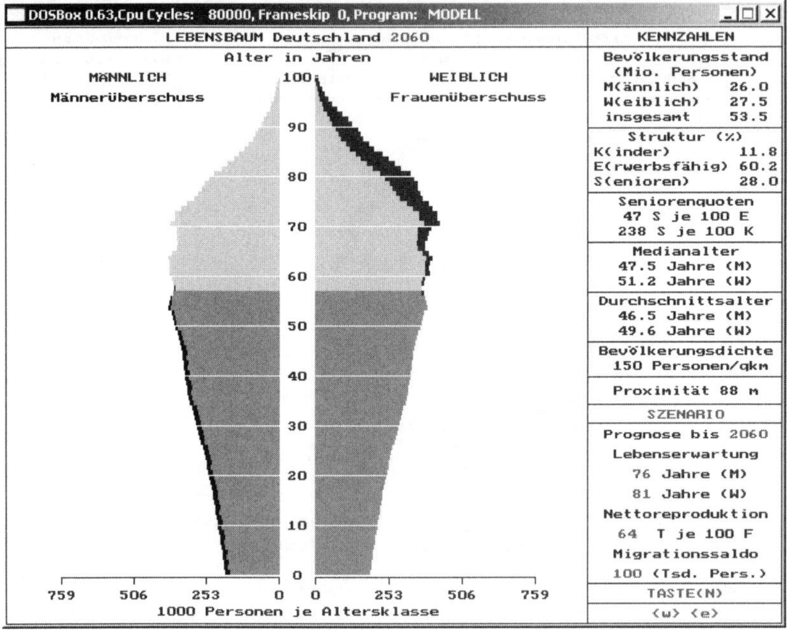

Beachtenswert ist im Kontext dieses Szenarios der Bevölkerungsentwicklung in Deutschland, dass zum Beispiel im Vergleich zum Szenario 2050 innerhalb der Abbildung 7-5 die Kennzahlen der Bevölkerungsstruktur, die sogenannten Seniorenquoten sowie die geschlechtsspezifischen Median- und die Durchschnittsalter in der Abbildung 7-6 zahlenmäßig nahezu identisch sind. Dieser hypothetische bevölkerungsstatische Befund koinzidiert mit der bereits im Szenario 2050 getroffenen Feststellung, dass sich ceteris paribus die demografischen Verhältnisse auch im sechsten Jahrzehnt dieses Jahrhunderts in Gestalt der sogenannten Senioren-Mächtigkeit und der Bevölkerungsalterung zu stabilisieren und auf ein bestimmtes zahlenmäßiges Niveau einzupegeln scheinen. Lediglich der Bevölkerungsstand und damit auch die Bevölkerungsdichte fielen demnach auf insgesamt 53,5 Millionen Personen bzw. 150 Personen je Quadratkilometer Katasterfläche, während in logischer Konsequenz die Proximität auf 88 Meter ansteigen würde.

Szenario 2070. In der Abbildung 7-7 ist das Prognose-Szenario für die deutsche Bevölkerung im Jahr 2070 bildhaft dargestellt, wobei analog zu den vorhergehenden Abbildungen im spindelförmigen Lebensbaum die Bevölkerungshochrechnungen dunkelgrau (im Original grün) gekennzeichnet sind.

Abbildung 7-7: Szenario 2070 für Deutschland

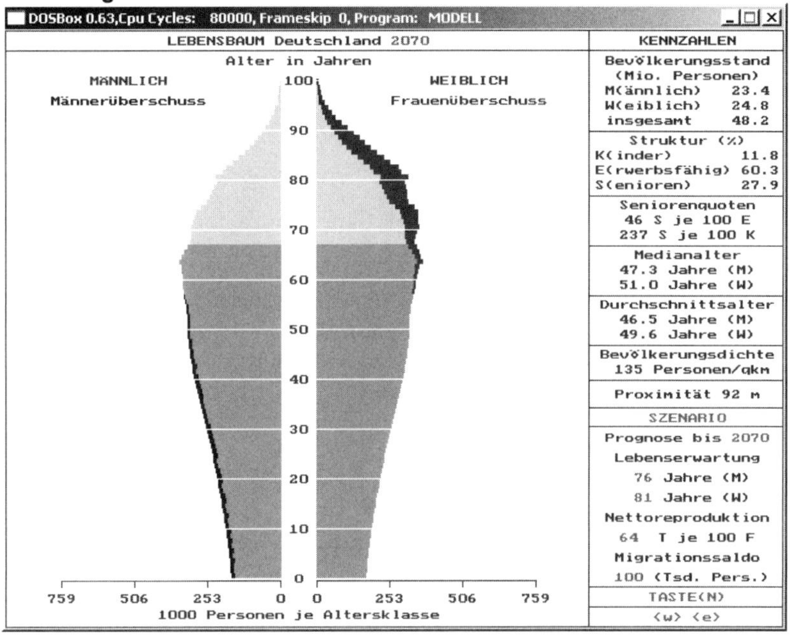

Beachtenswert ist im Vergleich zu den beiden vorhergehenden Szenarien für die Jahre 2050 und 2060, dass im Kennzahlen-Segment für das Szenario 2070 die Angaben zur prozentualen Bevölkerungsstruktur und die Seniorenquoten sowie die geschlechtsspezifischen Altersmittelwerte nur durch geringfügige und daher zu vernachlässigende zahlenmäßige Veränderungen gekennzeichnet sind. Lediglich die abnehmenden und hypothetischen Bevölkerungsbestandszahlen, die insgesamt eine deutsche Bevölkerung von nur noch 48,2 Millionen Personen mit insgesamt 23,4 Millionen männlichen und 24,8 Millionen weiblichen Personen anzeigen, können in ihrem absoluten zahlenmäßigen Niveau als ein Indiz für ein langsames Aussterben der Deutschen gedeutet werden, das durch einen bereits hier erkennbaren spindelförmigen Altersaufbau sichtbar wird. Die Bevölkerungsdichte von 135 Personen je km² und die auf 92 m angewachsene Proximität untermauern das bildhafte Gleichnis von den langsam aussterbenden Deutschen.

Szenario 2080. Die Abbildung 7-8 reflektiert analog zu den vorhergehenden Abbildungen in der gebotenen chronologischer Reihenfolge und unter Berücksichtigung der eingangs formulierten Prämissen sowohl bildhaft als auch zahlenmäßig das Prognose-Szenario für die deutsche Bevölkerung im Jahr 2080.

Abbildung 7-8: Szenario 2080 für Deutschland

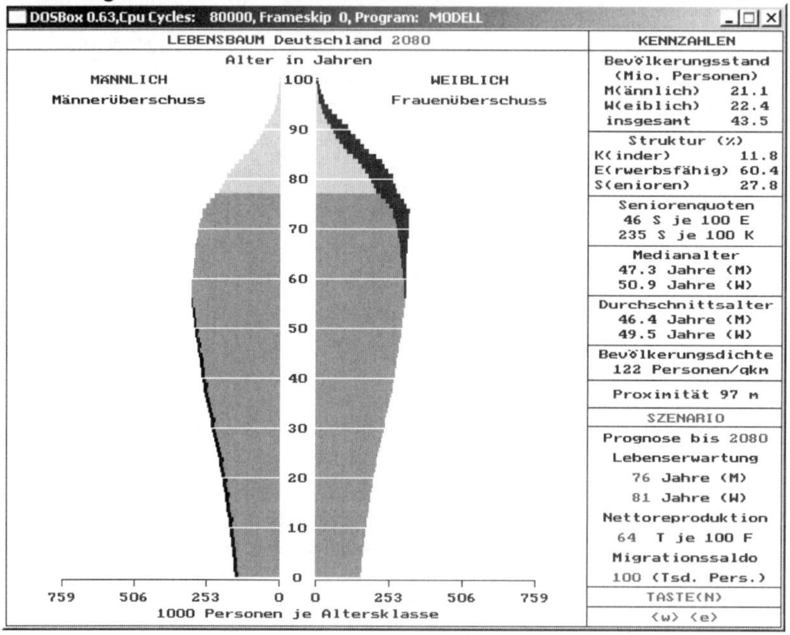

Anhand dieses Szenarios kann man sich ein interessantes demografisches Phänomen verdeutlichen: Die geschlechtsspezifische Gliederung des prognostizierten Bevölkerungsstands in 21,1 Millionen männliche und 22,4 Millionen weibliche Personen liefert rechnerisch einen Frauenüberschuss von 22,4 – 21,1 = 1,3 Millionen Frauen, der im spindelförmigen Altersaufbau linksseitig im Altersbereich oberhalb von 60 Jahren durch die „aufgesetzten" dunkelgrauen (im Original roten) Histogrammsäulen dargestellt wird. Obwohl gemäß der SÜßMILCHschen Sexualproportion (nicht nur) in der deutschen Bevölkerung stets mehr Knaben als Mädchen das Licht der Welt erblicken, so kehren letztlich die derzeit gültigen Mortalitätsverhältnisse diese „in der Geburt" zu beobachtende Geschlechtsdisparität „im Alter und im Tode" genau in ihr Gegenteil um. Die „Hypothek des Todes" wird offensichtlich und naturgegeben beim männlichen Geschlecht im Mittel und auf lange Sicht zeitlich früher eingelöst als beim weiblichen Geschlecht.

Szenario 2090. Zu analogen Aussagen wie im Kontext des Szenarios 2080 gelangt man auch bei der Auswertung des Prognose-Szenarios innerhalb der Abbildung 7-9, in der eine hypothetische Projektion des Bevölkerungsstands Deutschlands in das Jahr 2090 grafisch und zahlenmäßig bewerkstelligt wird.

Abbildung 7-9: Szenario 2090 für Deutschland

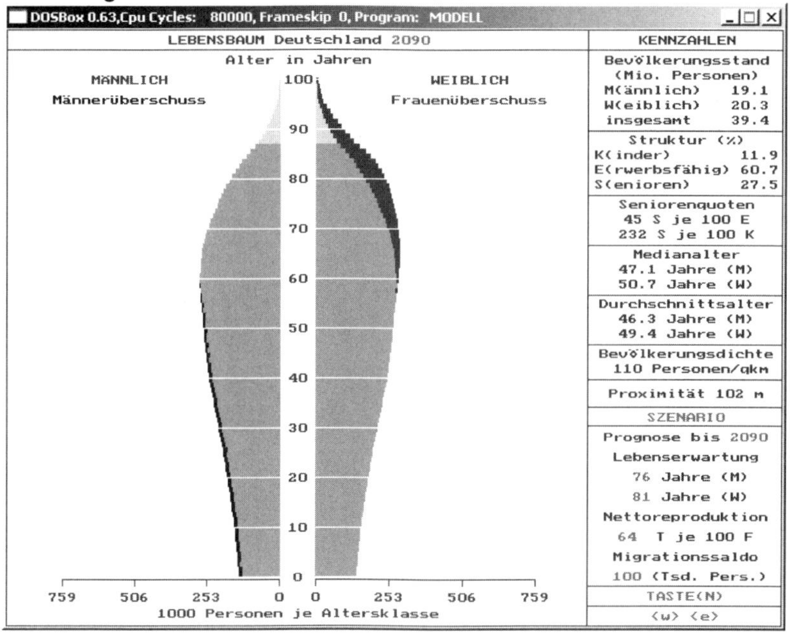

Die Metapher von den „langsam aussterbenden Deutschen“ findet im stetig schlanker werdenden spindelförmigen Altersaufbau ihr bildhaftes Gleichnis. Gemäß dieser fiktiven und albtraumhaften Projektion würden unter Beachtung der im Szenario-Segment protokollierten Prämissen die Deutschen im Jahr 2090 nur noch ein 40 Millionen Volk sein. Analog zu den vorhergehenden Szenarien würde sich der Alterungsprozess der Bevölkerung auf ein Niveau einpegeln, das man lakonisch mit dem Etikett „plus minus 50“ versehen könnte. Die Alterslast, die diese fiktive Bevölkerung zu „tragen“ hätte, wäre aus ökonomischer Sicht wohl nur dann zu „schultern“, wenn die Produktivität der wenigen Erwerbstätigen so hoch wäre, dass lediglich und im Mittel eine erwerbstätige Person zugleich für „jung und alt“ die materiellen Existenzgrundlagen erschaffen könnte. Abgesehen von den damit verbunden gewaltigen Umverteilungsprozessen ist dieser Ansatz, wenn man ihn mit heutigen Maßstäben misst, eine Illusion.

Szenario 2103. Schließlich und endlich wird in der Abbildung 7-10 das finale Prognose-Szenario für den Bevölkerungsstand Deutschlands für das Jahr 2103 plakatiert, das auf der Grundlage der vereinbarten Prämissen, die im Szenario-Segment protokolliert sind, bewerkstelligt wurde.

Abbildung 7-10: Szenario 2103 für Deutschland

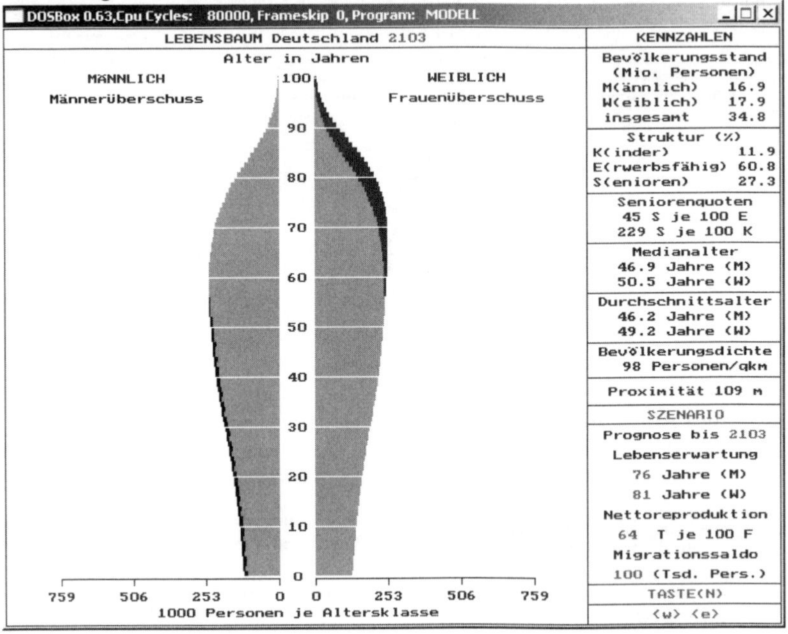

Im Vergleich zum Prognose-Szenario 2090 innerhalb der Abbildung 7-9 würde der Bevölkerungsstand Deutschlands eingangs des 22. Jahrhunderts letztlich auf 35 Millionen Personen schrumpfen. Gleichwohl diese finale und fiktive Projektion albtraumhafte und apokalyptische Züge in sich trägt, verdeutlicht sie dennoch anschaulich und eindringlich zugleich die tödliche Langzeitwirkung der Reproduktionsverhältnisse, die derzeit in der deutschen Bevölkerung existieren und wonach im Verlaufe ihres fertilen Alters eine Frau im Mittel nur noch 1,33 Kinder bzw. 0,64 Mädchen das Leben schenkt. Bleibt zum Schluss noch zu vermerken, dass das Gleichnis „von der Zeit, die alle Wunden heilt" in diesem Zusammenhang von besonderer Aussagekraft ist: Es bedarf nahezu ein Jahrhundert bzw. mindestens drei Generationen, um die historisch verbrieften und klaffenden Wunden gleichenden Kerben, welche im 20. Jahrhundert in den deutschen Lebensbaum geschlagen wurden, wieder verwachsen bzw. ausgeheilt sind.

Wunschtraum-Szenarien

Prämissen. Im Unterschied zu den skizzierten und kommentierten Status-quo-Szenarien basieren die sogenannten Wunschtraum-Szenarien zur Bevölkerungsentwicklung in Deutschland auf den folgenden Prämissen: Lediglich für die Prognosejahre 2050 und 2103 wird jeweils eine Bevölkerungsprognose bei Unterstellung unterschiedlicher Fertilitäts-, Mortalitäts- und Migrationsverhältnisse erstellt. Gemäß dem im sechsten Kapitel skizzierten Simulationsmodell wird demnach im sogenannten Szenario-Segment das Prognosejahr auf den Wert 2050 bzw. 2103 fixiert und die Werte für die restlichen „Modellstellschrauben" in Gestalt der mittleren fernen Lebenserwartung eines lebend geborenen Knaben bzw. eines lebend geborenen Mädchens, der Nettoreproduktionsrate und des Migrationssaldos in ihren Werten entsprechend variiert.

Einfache Reproduktion. In den Abbildungen 7-11 und 7-12 sind die beiden Wunschtraum-Szenarien für die Bevölkerungsentwicklung in Deutschland dargestellt, die auf der Prämisse eines einfachen Niveaus der Bevölkerungsreproduktion beruhen. Unter der Annahme i) einer mittleren fernen Lebenserwartung von 76 bzw. 81 Jahren für einen lebend geborenen Knaben bzw. für ein lebendgeborenes Mädchen, ii) einer Nettoreproduktionsrate von 100 Töchtern je 100 Frauen im fertilen Alter[53] sowie iii) eines positiven Migrationssaldos von 50 (1000 Personen) würde die deutsche Bevölkerung im Jahr 2050 nahezu 77 Millionen Personen und im Jahr 2103 hypothetisch 81 Millionen Personen umfassen. Der in der Abbildung 7-12 skizzierte Altersaufbau, der morphologisch weniger einer Spindel als vielmehr einem Zuckerhut gleich, vermittelt bildhaft eine Vorstellung von dem, was die Bevölkerungsstatistiker unter dem Begriff einer stationären bzw. stabilen Bevölkerung subsumieren. Mit den Adjektiven „stationär" bzw. „stabil" ist nichts anderes gemeint, als der Umstand, dass eine Bevölkerung auf lange Sicht weder schrumpft noch wächst. Selbst bei einem ausgeglichenen Migrationssaldo von „null" könnte sich demnach die deutsche Bevölkerung im Verlaufe von drei Generationen noch stabil reproduzieren. Eine zusätzliche Notiz ist in diesem Zusammenhang noch der Umstand wert, dass der fiktive deutsche Lebensbaum innerhalb der Abbildung 7-12 eine ähnliche Gestalt besitzt, wie die Absterbeordnung der deutschen Bevölkerung auf der Grundlage der Periodensterbetafel 2001/03, die in der Abbildung 3-2 grafisch dargestellt ist.

[53] Beachtenswert ist in diesem Zusammenhang der im Simulationsmodell implementierte Modellansatz, der eine abrupte Veränderung in der Reproduktionsfähigkeit der deutschen Bevölkerung ausschließt und das „angestrebte" Reproduktionsniveau von 100 Töchtern je 100 Frauen (im Vergleich zum derzeitig für die deutsche Bevölkerung gültigen Status-quo-Niveau von 64 Töchtern je 100 Frauen) schrittweise erst im Verlaufe von fünf Jahren vollständig erreicht. Dies ist die Erklärung dafür, warum innerhalb der Abbildung 7-11 der jeweilige geschlechtsspezifische Bevölkerungsstand zwischen dem 47. und dem 43. Altersjahr schrittweise linear ansteigt.

Abbildung 7-11: Wunschtraum-Szenario 2050, einfache Reproduktion

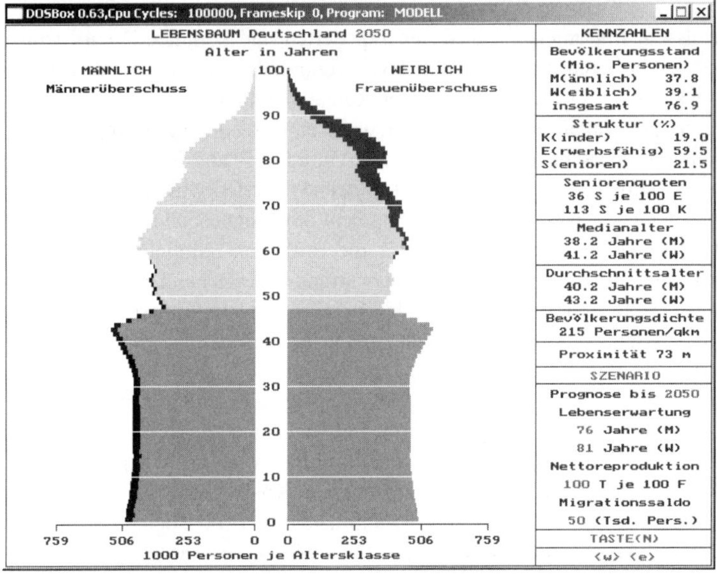

Abbildung 7-12: Wunschtraum-Szenario 2103, einfache Reproduktion

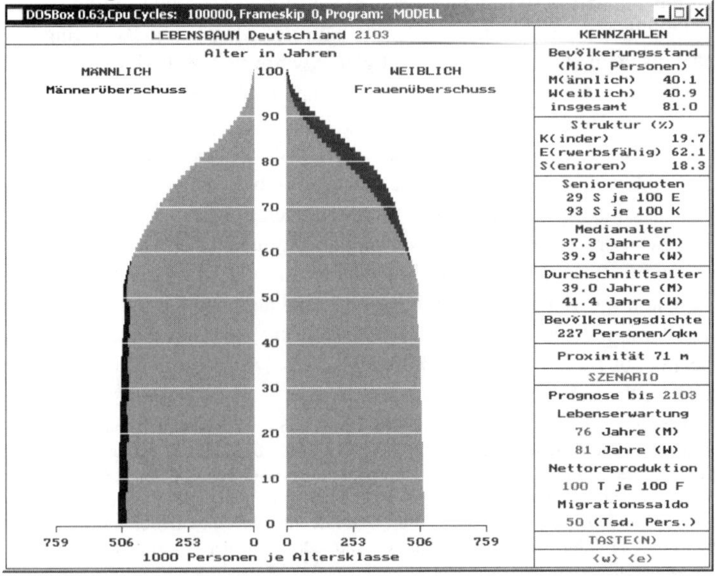

Abbildung 7-13: Wunschtraum-Szenario 2050, erweiterte Reproduktion

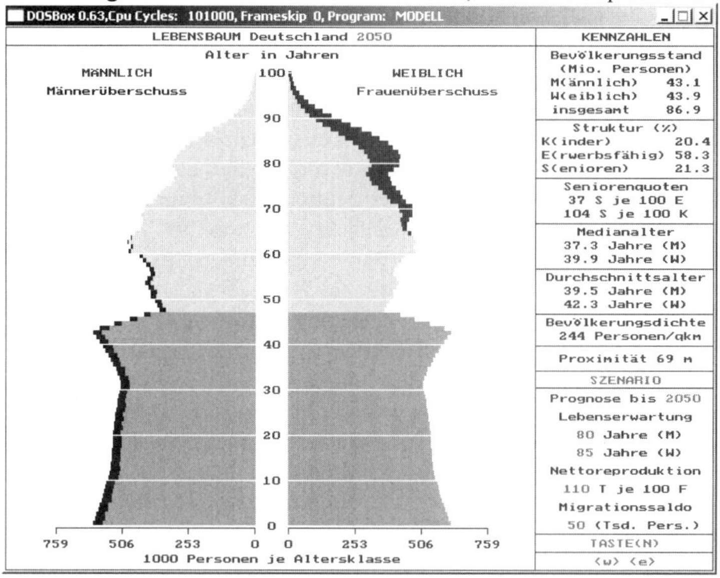

Abbildung 7-14: Wunschtraum-Szenario 2103, erweiterte Reproduktion

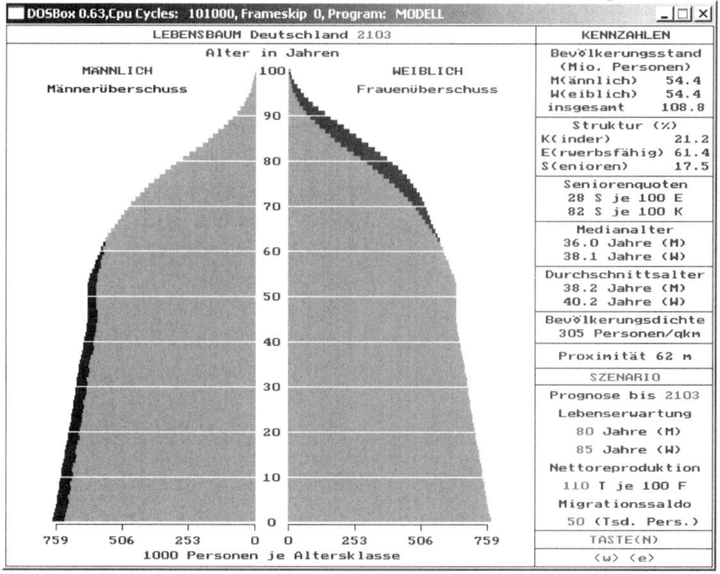

Erweiterte Reproduktion. In den Abbildungen 7-13 und 7-14 sind schließlich und endlich noch die beiden Wunschtraum-Szenarien für die Bevölkerungsentwicklung in Deutschland für die Jahre 2050 und 2103 dargestellt, die beide auf der Prämisse einer erweiterten Bevölkerungsreproduktion beruhen. Bei Annahme i) einer mittleren fernen Lebenserwartung eines lebend geborenen Knaben bzw. Mädchens von 80 bzw. 85 Jahren, ii) einer Nettoreproduktionsrate von 110 Töchtern je 100 Frauen im fertilen Alter sowie iii) eines positiven Migrationssaldos von 50 (1000 Personen) würde die deutsche Bevölkerung im Jahr 2050 nahezu 87 Millionen Personen und im Jahr 2103 in etwa 109 Millionen Personen umfassen. Gleichwohl diese beiden Bevölkerungsprognosen aus heutiger Sicht traumtänzerisch und illusionär anmuten, so vermitteln sie letztlich dennoch eine Vorstellung von dem, was in der Bevölkerungsstatistik unter dem Begriff einer wachsenden und sich auf einer erweiterten Stufenleiter reproduzierenden Bevölkerung subsumiert wird.

Resümee. Im Kontext dieser hypothetischen und wunschtraumhaften Bevölkerungsbestandsprojektionen ist vor allem der folgende Hinweis beachtenswert: Bei einem vernünftigen und verhältnismäßigen Zusammenspiel und Zusammenwirken einer Bevölkerungsreproduktion auf zumindest einfacher Stufenleiter und einer angemessenen Bevölkerungsmigration wäre es durchaus möglich und denkbar, dass sich im Jahr 2103 die deutsche Bevölkerung bestandsmäßig in etwa auf dem gleichen Niveau befinden könnte wie im Ausgangsjahr 2003. Der gravierende Unterschied im Vergleich zum Basisjahr 2003 bestünde allerdings darin, dass gleichermaßen die Strukturdaten, die Seniorenquoten und die Alterungsparameter im demografischen Sinne und in Anlehnung an den medizinischen Sprachgebrauch alles andere als pathologischer Natur sind. „Kinder braucht und hat das Land“ wäre die gesellschaftlich anerkannte und praktisch umgesetzte Losung, mit der man die skizzierten Wunschtraum-Szenarien etikettieren und schmücken könnte. In diesem Zusammenhang würde FAUST auf der verzweifelten Suche nach dem, „was die Welt im Innersten zusammenhält“, vermutlich laut wehklagen: „Die bevölkerungsstatistische Botschaft hör´ ich wohl, allein mir fehlt der Glaube. Das demografische Wunder ist der Statistiker, Demografen und Bevölkerungspolitiker liebstes Kind.“ Und MEPHISTOPHELES würde im gleichen Atemzug und in seiner galligen Art gewiss spötteln: „Gold, teurer Freund, ist alle bevölkerungsstatistische Theorie und nicht grün, sondern alt und grau der deutsche Lebensbaum.“[54] ♣

[54] Johann Wolfgang von GOETHE (1749–1832) lässt in seinem Drama „Faust, Der Tragödie erster Teil“ FAUST in der Nachtszene wehklagen: „Die Botschaft hör´ ich wohl, allein mir fehlt der Glaube. Das Wunder ist des Glaubens liebstes Kind.“ und MEPHISTOPHELES in der Studierzimmerszene zum Schüler sagen: „Grau, teurer Freund, ist alle Theorie, und grün des Lebens goldener Baum.“

8 Germanias Albträume

Germania-Allegorie. Zur bildhaften Assoziation der gewählten und allegorischen Kapitelüberschrift sollen zwei Gemälde dienen, die zum Zwecke ihrer simultanen Betrachtung in der Abbildung 8-1 dargestellt sind: „Die erwachende Germania“ von Christian KÖHLER (1809–1861) einerseits und „Der Nachtmahr“ von Johann Heinrich FÜSSLI (1741–1825) andererseits.

Abbildung 8-1: Die erwachende Germania[55], Der Nachtmahr[56]

Albtraum-Allegorie. Die Allegorie von der Germania, die von Albträumen geplagt wird, bildet für die weiteren Betrachtungen lediglich den Rahmen, worin gleichsam wie in einem Kolossalgemälde die Probleme und die Konsequenzen,

---

[55] KÖHLER schuf 1849 dieses Gemälde unter dem Eindruck der bürgerlichen Revolution von 1848, die von der Idee der Freiheit und der nationalen Einheit getragen war. Germania, die Personifikation Deutschlands, erwacht auf einem Bärenfell und greift nach der vor ihr liegenden Kaiserkrone und dem Reichsschwert. Zwei Schutzgeister, auch Genien genannt, bringen der erwachenden Germania das Recht in Gestalt des Schwertes und der Waage sowie die schwarz-rot-goldene Fahne als Zeichen der nationalen Einheit. Links im Hintergrund versinkt mit den Dämonen der Knechtschaft und der Zwietracht die alte Zeit in Finsternis. (Quelle: Zentrale für Unterrichtsmedien im Internet, http://www.zum.de)

[56] FÜSSLI malte 1781 den „Nachtmahr II“ wahrscheinlich zur Verarbeitung seiner eigenen Albträume, die von sexuellen Obsessionen dominiert waren. Eine im weißen Gewand der Unschuld gekleidete Frau hebt sich grell vor einem schwarzen Hintergrund ab, in dem ein Pferdekopf mit glühenden Augen erscheint. Auf dem Körper der schlafenden Frau sitzt der Nachtmahr als Personifizierung ihrer Albträume. In der Psychologie werden Träume oder gedankliche Vorstellungen, die angst- und panikauslösenden Inhalts sind, etwa Katastrophen oder der eigene Tod, unter dem Begriff eines Albtraums subsumiert. Der etymologische Ursprung des Wortes selbst ist in der germanischen Sprache und Mythologie zu finden, wonach „Alben“ nicht nur für Menschenträume zuständig, sondern vor allem die Inkarnation schlechter Träume waren. Bildlich stellte man sich die Alben meist in Gestalt eines Halbmenschen vor, der auf der Brust eines Schlafenden hockt und beim Schlafenden ein unangenehmes Druckgefühl auslöst, das umgangssprachlich mit dem Begriff des „Albdrucks“ umschrieben wird. (Quelle: Wikipedia, Die freie Enzyklopädie, http://de.wikipedia.org)

die sich aus der aktuellen demografischen Situation Deutschlands ergeben, sinnbildlich dargestellt, zahlenmäßig untermauert und demometrisch diagnostiziert werden. Zur Verdeutlichung des Gleichnisses von einem Kolossalgemälde soll der allegorische Kupferstich „Die apokalyptischen Reiter"[57] von Albrecht DÜRER (1471–1528), der in der Abbildung 8-2 dargestellt ist, fungieren. So, wie DÜRER die Pest in Gestalt des Reiters mit dem Bogen, den Krieg in Gestalt des Reiters mit dem Schwert, den Hunger in Gestalt des Reiters mit der Waage und den Tod in Gestalt des Reiters mit dem Dreizack sinnbildhaft darstellte, so sollen in diesem Kapitel auch Germanias Albträume allegorisch motiviert und demometrisch diagnostiziert werden.

Abbildung 8-2: Apokalyptische Reiter

Albträume. Es sind dies i) der Albtraum von der gesellschaftstragenden Institution „Familie", die wie ein fragiles Kartenhaus einzustürzen droht, ii) der Albtraum vom Virus der Kinderlosigkeit, das wütend um sich greift und die Kreißsäle landesweit verwaisen lässt, iii) der Albtraum vom Natalitätsdilemma, dessen beide Pfade unweigerlich zum Abgrund führen, iv) der Albtraum von den entvölkerten Landstrichen, v) der Albtraum von der Deutschen Gerontokratischen Republik, in der die Alten über die Jungen herrschen, vi) der Albtraum von einer Fünfzig-fünfzig Gesellschaft, in dem es nur Verlierer geben wird, wenn es nicht gelingt, die Migranten in die deutsche Gesellschaft zu integrieren und vii) der Albtraum von den langsam aussterbenden Deutschen. ♣

[57] DÜRER schuf diesen bildgewaltigen Kupferstich um 1498 in Anlehnung an die Offenbarung des Johannes, Apokalypse 6, Verse 1 bis 8, wonach in der dritten Vision des ersten Teils der Offenbarung nacheinander vier Siegel geöffnet und vier Reiter in die Welt gesandt werden: der Reiter mit dem Bogen, der die Pest, der Reiter mit dem Schwert, der den Krieg, der Reiter mit der Waage, der den Hunger und der Reiter mit dem Dreizack, der den Tod mit der Unterwelt in seinem Gefolge sinnbildlich darstellen. Die Kopie des Kupferstichs stammt aus: Albrecht Dürer, 80 Meisterblätter, Holzschnitte, Kupferstiche und Radierungen aus der Sammlung Otto Schäfer, herausgegeben vom Germanischen Nationalmuseum Nürnberg, Prestel Verlag, München, London, New York, 2000, Seite 56

Das fragile Familienhaus

Familien. Irgend etwas ist in den letzten vier Jahrzehnten im deutschen Familienhaus aus den Fugen geraten. Das tradierte deutsche Familienmodell von „Heim, Herd und Kindern“ scheint Schritt für Schritt zu zerbröckeln und endgültig der Vergangenheit anzugehören. Die Abbildung 8-3[58] beschreibt schlagwortartig mit Hilfe weniger statistischer Zahlen für die vergangenen vierzig Jahre im Zeitraffer von jeweils zwanzig Jahren den gesellschaftlichen Wandel: Familien, in denen nur ein Familienmitglied erwerbstätig ist, nehmen anteilmäßig ab. Eingangs des 21. Jahrhunderts ist dies in nur noch knapp einem Drittel aller deutschen Familien zu beobachten. Das Klischee vom Ehemann als Alleinverdiener und von der Ehefrau als Hausfrau und Mutter wird zu einem Auslaufmodell. Nicht so rasant, aber dennoch augenscheinlich ist in den vergangenen vier Jahrzehnten der Anteil der Ein-Personen- bzw. Single-Haushalte an allen privaten deutschen Haushalten von 20,6 % auf 35,5 % bzw. um 36,5 % – 20,6 % = 15,9 Prozentpunkte gestiegen. Gemäß Mikrozensus vom März 2004 machen die 14,6 Millionen Single-Haushalte nunmehr bereits 37,2 % aller 39,1 Millionen privaten deutschen Haushalte aus.[59] Das Durchschnittsalter bei der ersten Eheschließung ist sowohl bei den Frauen als auch bei den Männern im Zeithorizont von vier Jahrzehnten um fünf bzw. nahezu um sechs Jahre gestiegen. Während im betrachteten Zeitraum die Eheschließungsrate systematisch um nahezu die Hälfte gefallen ist, stieg die Scheidungsrate um mehr als das Doppelte an. Ein

Abbildung 8-3: Familie

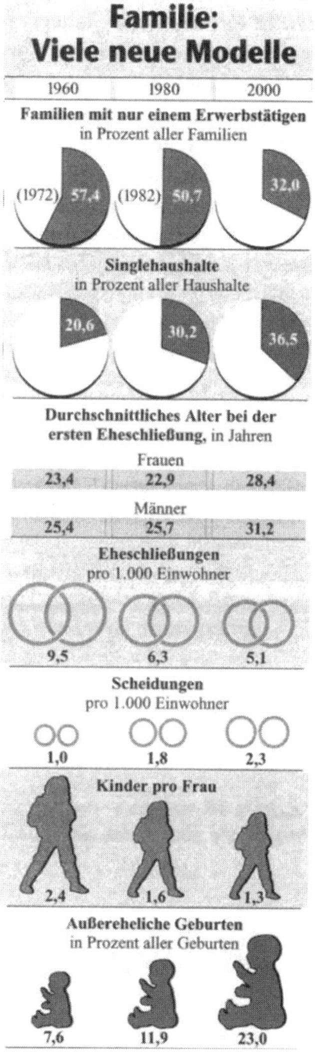

[58] Quelle: Informationsdienst des Instituts der deutschen Wirtschaft, Nr. 44/2004
[59] Quelle: Statistisches Jahrbuch 2005 für die Bundesrepublik Deutschland, Seite 46

analoges Bild ergibt sich bei der Betrachtung der Geburtlichkeit im deutschen Familienhaus: Schenkte eingangs der sechziger Jahre des vergangenen Jahrhunderts eine Frau im Verlaufe ihres fertilen Alters durchschnittlich noch 2,4 Kindern das Licht des Lebens, so ist ausgangs des 21. Jahrhunderts die zusammengefasste Fertilitätsrate auf nahezu 1,3 Kinder pro Frau im fertilen Alter gesunken. Doch nicht nur eine stetig sinkende Geburtenrate einerseits und ein steigender Anteil außerehelich geborener Kinder andererseits sind unumstößliche Indizien dafür, dass Deutschland eingangs des 21. Jahrhunderts durch eine Gesellschaft getragen wird, die nicht nur zunehmend das tradierte Familienmodell ablehnt, sondern die deutlich für ein Leben ohne Kinder optiert und diesen egozentrischen und auf lange Sicht tödlich wirkenden Lebensentwurf auch in einem hohen Maße akzeptiert und praktiziert. Das neue gesellschaftliche Verständnis, wonach Familie und Kinder allenfalls nur noch Optionen auf die Zukunft und keine festen Ziele menschlichen Daseins mehr sind, verdeutlichen und untermauern auch die beiden Grafiken innerhalb der Abbildung 8-4.

Abbildung 8-4: Ehescheidungen und Ehepaare ohne Kinder[60]

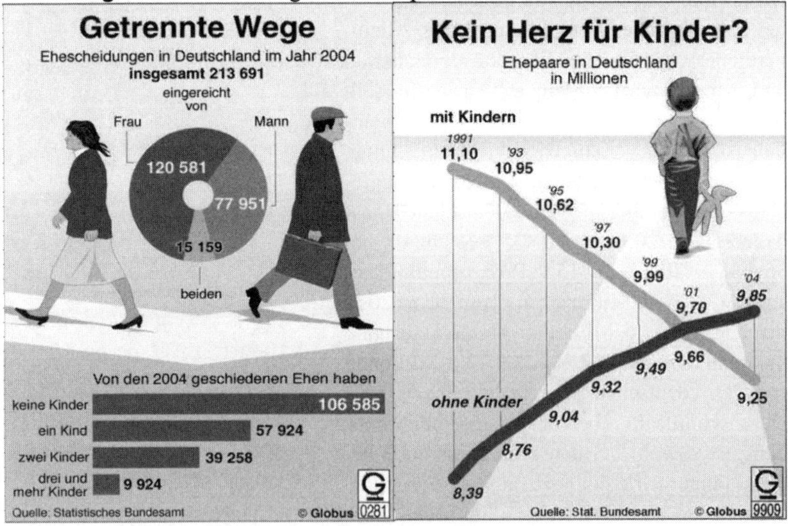

Die fragile Institution „Familie" wird besonders augenscheinlich bei den Ehescheidungen, worunter im Jahr 2004 nahezu $(106585/213691) \cdot 100\,\% \approx 50\,\%$ aller in Deutschland geschiedenen Ehen auf Ehepaare ohne Kinder entfallen. Bemerkenswert ist in diesem Zusammenhang, dass im Jahr 2004 in Deutschland

[60] Quelle: Globus Infografik GmbH Hamburg, Grafiknummer: 0281/2005 und 9909/2005

nahezu (120581/213691)·100 % ≈ 56 % aller Ehescheidungen allein von Frauen eingereicht wurden. Zugleich besorgniserregend sind neben den Informationen zu den Ehescheidungen die Daten zur Kinderlosigkeit bei den Ehepaaren, die in der nebenstehenden Grafik präsentiert werden: Demnach ist im Jahr 2001 in Deutschland erstmals die Anzahl der kinderlosen Ehepaare größer als die Anzahl der Ehepaare mit Kindern (ohne Altersbegrenzung). Im Jahr 2004 hat sich die Schere noch weiter geöffnet: Nunmehr stehen bereits 9,85 Millionen Ehepaare ohne Kinder nur noch 9,25 Millionen Ehepaaren mit Kindern gegenüber – Tendenz steigend. Die Allegorie vom „baufälligen und einsturzgefährdeten Familienhaus Deutschland" ist in diesem Kontext alles andere als nur eine albtraumhafte Vision, die Germania bedrückt. Doch wieso und warum?

Abbildung 8-5: Familie im Wandel: Von der Groß- zur Kleinfamilie[61]

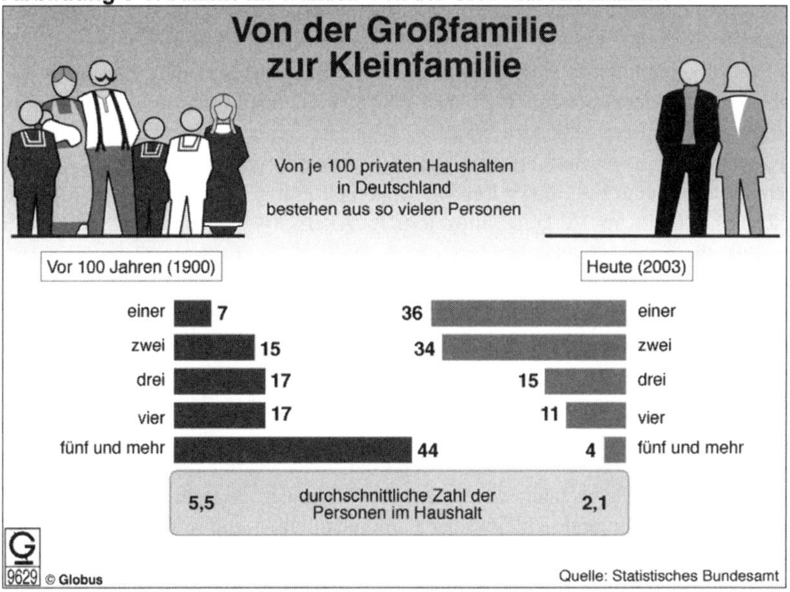

Albtraum. Die Grafik innerhalb der Abbildung 8-5 basiert auf einem Jahrhundertvergleich, der Germanias Albtraum zahlenmäßig und bildhaft untermauern soll. Lebten vor 100 Jahren in einem durchschnittlichen deutschen Haushalt nahezu sechs Personen, so ist ein Jahrhundert später nicht nur die durchschnittliche Personenanzahl in einem privaten deutschen Haushalt um nahezu zwei Drittel auf zwei Personen gesunken, sondern es ist die empirische Verteilung der Perso-

[61] Quelle: Globus Infografik GmbH Hamburg, Grafiknummer: 9628/2004

nenanzahl gleichsam von einer extremen Linksschiefe in eine extreme Rechtsschiefe übergegangen. Diese deskriptive Verteilungscharakteristik koinzidiert mit der bereits eingangs getroffenen Aussage, dass im „Familienhaus Deutschland 2003" der modale private Haushaltstyp der Single-Haushalt ist. Eine Frage, die sich in diesem Zusammenhang unmittelbar aufdrängt, ist die nach der oberen Belastungsgrenze, deren Überschreitung das „Familienhaus Deutschland" gleichsam wie ein fragiles Kartenhaus zum Einsturz brächte. Aus statistisch-methodischer Sicht wäre dies gegeben, wenn die Verteilung der Personenanzahl auf eine Ein-Punkt-Verteilung mit der singulären Ausprägung „Single-Haushalt" zusammenschmelzen würde. In diesem extremen und hypothetischen Fall gäbe es keine Familien mehr, die Gesellschaft bestünde nur noch aus Ein-Personenhaushalten, in denen es auch keine Kinder mehr gäbe. Spätestens nach vier Generationen würde dieser hypothetische Spuk vorbei sein. Die Gesellschaft hätte sich in ihrem individualistischen Dasein selbst zerstört. SCHIRRMACHER nennt in seinem neuesten Buch diesen Zustand das „Minimum"[62] und meint damit nichts anderes als den Tiefpunkt der schwindenden Lust der deutschen Gesellschaft, sich am Leben zu erhalten. Wann ist dieser generative Tiefpunkt erreicht? Schon heute und jetzt, wo gemäß der Ausführungen im vierten Kapitel in Deutschland eine Frau unter Beachtung derzeit gültiger Fertilitäts- und Mortalitätsverhältnisse im Verlaufe ihres fertilen Alters hypothetisch und im Durchschnitt nur noch 1,36 Kindern das Leben schenkt? In SCHIRRMACHERs abenteuerlicher Erzählung von einem Treck, der aus mehreren Großfamilien und aus alleinstehenden jungen und kräftigen Männern besteht und Mitte des 19. Jahrhunderts am Rand der Sierra Nevada aufgrund eines frühzeitigen Wintereinbruchs einschneite und Monate um sein Überleben kämpfen musste, endet die Geschichte damit, dass nicht die jungen, abenteuerlustigen und starken Männer, sondern die Großfamilien überlebten, die nicht nur viele Kinder, sondern auch Greise mit sich schleppten. Projiziert man die Moral dieser Geschichte auf die heutige deutsche Gesellschaft, so heißt das schlicht und einfach: Je größer der Anteil von Single-Haushalten und je kleiner der Familienanteil ist und je kleiner die Familien wegen fehlender Kinder werden, umso fragiler, anfälliger und angreifbarer wird eine Gesellschaft, die auf einem solchen Fundament beruht. Der Volksmund bedient sich zur Charakterisierung eines funktionierenden Familienverbundes des Gleichnisses vom Blut, dass dicker ist als Wasser. Es ist somit unbestritten: Der schleichende Zerfall von Familien einerseits und die damit verbundene Kinderlosigkeit andererseits ist für jede Gesellschaft ein dynamisch sich radikalisierendes Phänomen, das letztlich sogar in der Zerstörung ihrer selbst münden kann. ♣

[62] SCHIRRMACHER, Frank: Minimum, Vom Vergehen und Neuentstehen unserer Gesellschaft, Verlag Blessing, Frankfurt am Main 2006

Verwaiste Kreißsäle

Sinnbild. Es ist die Suggestionskraft und die Mächtigkeit von Bildern schlechthin, die in ihrer Sinnbildlichkeit mitunter für sich allein mehr aussagen als tausend wohlgesetzte Worte. Diese Feststellung gilt uneingeschränkt auch für das Schnappschussfoto[63] innerhalb die Abbildung 8-6. Trefflicher kann man wohl kaum Germanias Albtraum von den verwaisten Kreißsälen bildhaft verdeutlichen.

Abbildung 8-6: Verwaiste Geburtsstation

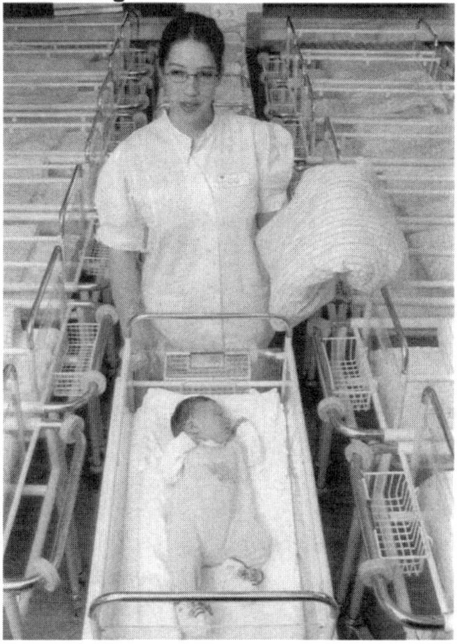

Kinderlosigkeit. Es wurde bereits in Germanias Albtraum vom einsturzgefährdeten Familienhaus vermerkt, dass irgend etwas in der deutschen Gesellschaft mit Beginn der siebziger Jahre des 20. Jahrhunderts schief gelaufen sein muss: Die Deutschen bekommen seit langem nicht mehr genug Kinder, um sich auf lange Sicht aus sich selbst heraus reproduzieren zu können. Die Szenarien zur Bevölkerungsentwicklung, die im Kontext des siebenten Kapitels skizziert wurden, prognostizieren für Deutschland in den kommenden Jahren nicht einmal mehr ein stagnierendes, sondern ein fallendes Geburtenbarometer. Aus bevölkerungsstatistischer Sicht sind somit erst einmal alle Messen gesungen. Die Kinder, die in Deutschland in den vergangenen vierzig Jahren nicht geboren wurden, können gegenwärtig und zukünftig auch keine Elterngeneration sein. Das Geburtendefizit ist unterdessen so gewaltig, dass es selbst nicht einmal durch eine übermächtige (und ohnehin unrealistische) Zuwanderung geschlossen werden könnte. Die deutsche Bevölkerung wird somit in naher Zukunft mit Gewissheit nicht nur weiterhin schrumpfen, sondern auch zunehmend vergreisen. Diese irreversible Entwicklung des Schrumpfens und Vergreisens der Deutschen hat einzig und allein eine Ursache: die schleichende Kinderlosigkeit, die bereits im Kontext der Diagnose von Germanias Albtraum vom „fragilen Familienhaus Deutschland“ als ein pathologischer Befund aufgedeckt wurde.

[63] Quelle: Der Siegel, 2/2004, Seite 38

Ursachen. Das Spektrum der Ursachen, woraus sich dieser pathologische demografische Befund der tendenziellen Kinderlosigkeit plausibel erklären ließe, ist breit: Er reicht von den Aderlässen gleichenden Geburtenausfällen während des zweiten Weltkrieges über die egozentrische Reproduktionsfeindlichkeit der heutigen Wohlstands- und Spaßgesellschaft bis hin zur objektiven Bindungsfeindlichkeit individueller Lebensplanungen in einer modernen Wirtschaftsgesellschaft. Betrachtet man das Kartogramm[64] innerhalb der Abbildung 8-7, welches für das Jahr 2003 die zusammengefassten Fertilitätsraten für Deutschland in seiner Gliederung nach den Landkreisen skizziert, so offenbart sich ein weiterer Erklärungstatbestand: Die niedrigsten Geburtenraten sind vor allem in strukturschwachen Regionen zu beobachten. Und wenn das Berlin-Institut für Bevölkerung und Entwicklung in seiner viel beachteten Studie zur demografischen Lage der Nation[65] das erste Kapitel mit der Überschrift „Ohne Kinder keine Zukunft“ versieht, so gilt erst Recht auch seine Umkehrung: Ohne Zukunft keine Kinder. Kinderlosigkeit ist somit immer auch eine Folge von Zukunfts- und Perspektivlosigkeit. Offensichtlich ist Deutschland auch noch im 15. Jahr seiner Wiedervereinigung ein geteiltes Land – und dies nicht nur im Hinblick auf die Geburtlichkeit. Im zweiten Kapitel der zitierten Studie, das mit dem Slogan „Frauenmangel im Osten“ überschrieben ist, wird lakonisch vermerkt, dass nahezu zwei Drittel aller Personen, die seit 1991 im Zuge der innerdeutschen Migration von Ost- nach Westdeutschland gezogen sind, Frauen waren. Diese innerdeutsche Frauenmigration zeitigt letztlich auch Probleme in der Bevölkerungsreproduktion: In den neuen Bundesländern fehlen im Jahresdurchschnitt 2003 allein in der Altersgruppe der 18- bis unter 30-

Abbildung 8-7: Kartogramm

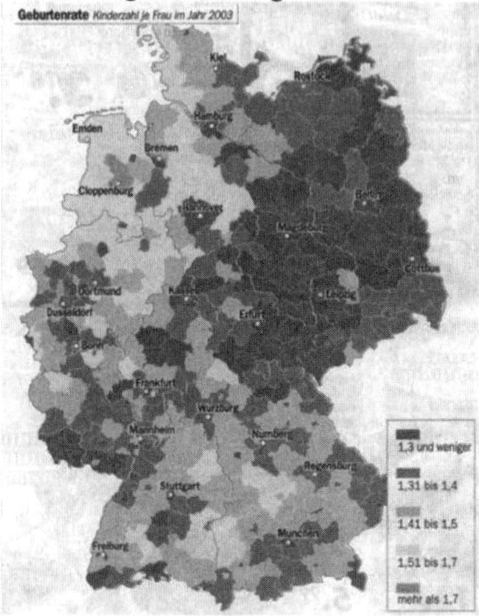

---

[64] Quelle: Berliner Zeitung, Nummer 64, 16. März 2006, Seite 8. Das modifizierte Kartogramm selbst basiert auf der Studie „Die demografische Lage der Nation – Wie zukunftsfähig sind Deutschlands Regionen?“ des Berlin-Instituts für Bevölkerung und Entwicklung.

[65] KLINGHOLZ, Rainer, Franziska MEDICUS, Steffen KRÖHNERT, Berlin-Institut für Bevölkerung und Entwicklung: Die demografische Lage der Nation – Wie zukunftsfähig sind Deutschlands Regionen?, Daten, Fakten, Analysen, Deutscher Taschenbuch Verlag, München, 2006

Jährigen ein Zehntel und im Extremfall mehr als ein Fünftel, also mehr als 20 % Frauen. Den Minusrekord hält der Landkreis Uecker-Randow, wo rein rechnerisch 26 von 100 Männern nicht nur bei der Partnersuche, sondern auch hinsichtlich des Lebensprojektes „Familie mit Kindern" leer ausgehen werden. Diese trüben Aussichten erfahren noch eine problematische Verstärkung durch die Tatsache, dass es vor allem die bildungsnahen Frauen sind, die in die alten Bundesländer „fliehen".

Karriere statt Kinder. Die demografische Resultante all dieser in den vergangenen drei Jahrzehnten in Deutschland millionenfach unterschiedlich angelegten individuellen Lebensplanungen ist (unabhängig von der historischen Ost-West-Teilung) auch hier bereits absehbar: eine zweigeteilte Gesellschaft, die letztlich durch eine vordergründig karrieregeleitete Kinderlosigkeit einerseits und durch ein bestandstragendes Leben mit Kindern andererseits charakterisiert wird.

Abbildung 8-8: Karriere statt Kinder[66]

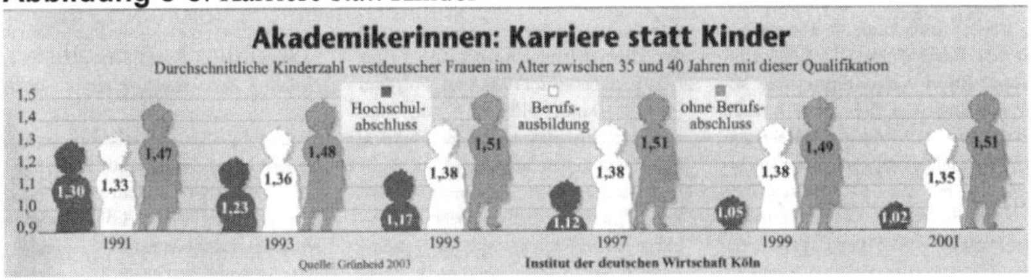

Die Grafik innerhalb der Abbildung 8-8 untermauert zahlenmäßig und bildhaft zugleich das Phänomen der tendenziellen Kinderlosigkeit, indem sie augenscheinlich verdeutlicht, dass das Virus der karrieregeleiteten Kinderlosigkeit vor allem bei jungen Akademikerinnen zu wüten scheint, die im Vergleich zu jungen Frauen mit Berufsbildung bzw. ohne Berufabschluss eher in der Gefahr stehen, in die sogenannte Emanzipationsfalle zu geraten, die Susanne GASCHKE in ihrem gleichnamigen Buch lakonisch mit den Adjektiven erfolgreich, einsam und kinderlos umschreibt.[67] Während sich bei Frauen aus bildungsfernen Schichten mit schlechteren Jobaussichten in puncto Familienplanung unter dem Motto „wenn ein Kind kommt, kommt es eben" nicht viel geändert hat, sieht die Sache bei Studentinnen und jungen Akademikerinnen offensichtlich anders aus: Laut GASCHKE[68] versuchen diese gebildeten jungen Frauen dem unheiligen Rabenmutter-Vorwurf durch die Anwendung des sogenannten Erst-Einmal-Prinzips zu entge-

---

[66] Quelle: Informationsdienst des Instituts der deutschen Wirtschaft, Nr. 45/2004

[67] GASCHKE, Susanne: Die Emanzipationsfalle. Erfolgreich, einsam, kinderlos. Verlag C. Bertelsmann, München 2005

[68] vgl. GASCHKE, Susanne: Mehr Ehrgeiz, Schwestern – warum sich Frauen in Deutschland so schwer tun, Karriere zu machen, in: DIE ZEIT, Nr. 51 vom 9. Dezember 2004

hen: erst einmal Examen machen, erst einmal im Ausland famulieren, erst einmal beruflich Fuß fassen.[69] Nicht nur, dass dieses Prinzip wie eine Seuche rasend um sich greift, es kostet auch wertvolle Zeit in der „Rushhour" des Lebens derjenigen jungen Frauen, die ihren innigen Kinderwunsch aus Karrieregründen immer weiter nach hinten verschieben bis aus einer temporär gewollten Kinderlosigkeit eine ungewollte und endgültige Kinderlosigkeit geworden ist, weil die Zeiger der biologischen Uhr unwiederbringlich gefallen sind. Gegenwärtig sind bereits nahezu fünfzig Prozent der Akademikerinnen, die jünger als 35 Jahre sind, kinderlos. Bei Frauen, die an Hochschulen tätig sind, liegt dieser Anteil bei fast 75 %.[70] Verfestigt und vergrößert sich dieser Anteil in naher Zukunft, so sind auch hier die Konsequenzen absehbar: Wenn es keinen gesamtgesellschaftlichen Wertewandel gemäß dem Motto „Kinder braucht das Land" zu verzeichnen gibt und wenn vor allem auch die Politik den Menschen nicht offen sagt, dass wir mehr Kinder brauchen und gerade auch zu diesem Zwecke alle gesellschaftlichen Kräfte bündeln müssen[71], dann wird in Deutschland die auf Schrumpfung eingestellte Bevölkerungsreproduktion tendenziell zu einem Phänomen bildungsferner und einkommensschwacher Bevölkerungsschichten. Obwohl die Abbildung 8-8 auf der durchschnittlichen Kinderanzahl von westdeutschen Frauen im Alter zwischen 35 und 40 Jahren beruht, sind die der Grafik innewohnenden bevölkerungsstatistischen Botschaften ohne Einschränkungen für Deutschland insgesamt allgemeingültig: Hatte im Jahr 1991 eine Enddreißigerin mit einem Hochschulabschluss im Durchschnitt noch 1,3 Kinder, besaß eine Enddreißigerin im Jahr 2001 im Durchschnitt nur noch ein Kind. Demgegenüber ist die durchschnittliche Kinderanzahl einer Enddreißigerin ohne Berufabschluss von 1,47 auf 1,51 Kinder gestiegen. Diese wenigen statistischen Angaben sprechen für sich: Die Bildungsfernen und in der Regel sozial Schwächeren bekommen nach wie vor Kinder, wenn auch nicht genug, so doch aber mehr als die Bildungsnahen und in der Regel sozial Stärkeren, die ihren Kindern aufgrund ihrer Bildung und ihres Einkommens wesentlich leichter und in einem weit größeren Umfang gute Startchancen einräumen könnten. Die bisher getroffenen Aussagen über die immer rasanter um sich greifende Kinderlosigkeit bei den bildungsnahen Bevölkerungsschichten koinzidieren mit der Grafik innerhalb der Abbildung 8-9, die auf dem Mikrozensus für Deutschland aus dem Jahr 2000 basiert und grafisch mittels ei-

[69] Die unheilige und in der deutschen Umgangssprache noch weit verbreitete Wortschöpfung vom Rabenvater bzw. von der Rabenmutter resultiert historisch aus der Ansicht, dass der Rabe (als der Vogel mit dem krächzenden Geschrei) sich wenig um seine Jungen kümmert und sie, wenn er sie nicht mehr füttern kann oder will, aus dem Nest stößt.

[70] vgl. SPIEWAK, Martin: Dr. habil. Kinderlos, Erstmals belegt eine Studie, wie kinderfeindlich es an deutschen Universitäten zugeht, in: DIE ZEIT, Nr. 15, 6. April 2006, Seite 43

[71] vgl. MAYER, Susanne: Her mit den Kindern!, Plädoyer für eine moderne Bevölkerungspolitik, die den Namen verdient, in: DIE ZEIT, Nummer 11, 4. März 2004, Seite 18

nes Streudiagramms den statistischen Zusammenhang zwischen dem prozentualen Anteil von partnerlosen und kinderlosen Frauen in ihrer Gliederung nach Berufspositionen beschreibt.

Abbildung 8-9: Kinderlosigkeit, Partnerlosigkeit, Berufstätigkeit von Frauen[72]

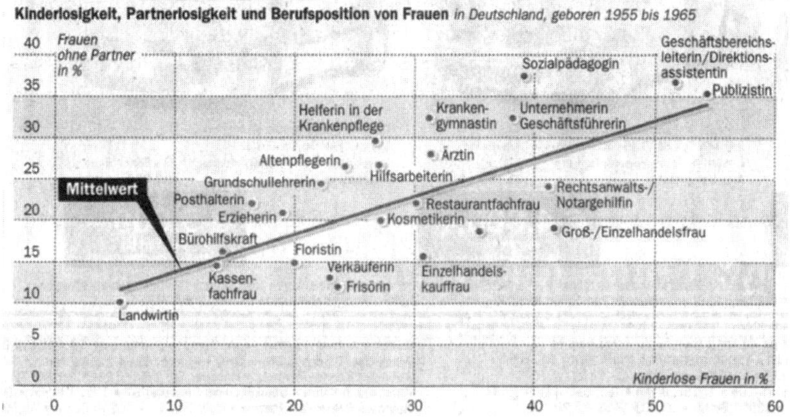

Demnach waren von den Frauen der Jahrgänge 1955 bis 1965, die im Jahr 2000 mindestens 35 Jahre und höchstens 45 Jahre alt waren, die Landwirtinnen am wenigsten und die Publizistinnen und Direktionsassistentinnen am stärksten von einer Kinder- und Partnerlosigkeit betroffen. So unbestritten es ist, dass es in der deutschen Gesellschaft einen statistisch nachweisbaren Zusammenhang zwischen Kinder- und Partnerlosigkeit bei den Frauen gibt, so verschwommen und breitgefächert sind die Ursachen für die zunehmende Kinderlosigkeit, die in der heutigen Gesellschaft Gott sei Dank nicht mehr als ein Makel angesehen wird. Im Gegenteil: Über Frauen, die keine Kinder haben, wundert sich heutzutage niemand mehr. Kinderlosigkeit hat sich im Deutschland von heute nicht nur zu einer gesellschaftlichen Vorbildfunktion gemausert, sie scheint sich vielmehr zu einer unabdingbaren Karriere-Voraussetzung betoniert zu haben. Und je höher die Bildung von Frauen ist, desto geringer ist die Geburtenrate.[73]

Kinderwunsch. Die nüchternen statistischen Angaben innerhalb der Abbildung 8-10, welche die Entwicklung des geschlechterspezifischen Kinderwunsches in Deutschland für den Zeithorizont der vergangenen zehn Jahre be-

[72] Quelle: Berliner Zeitung, Nummer 60, 11./12. März 2006, Seite 6

[73] Ausnahmen bestätigen die Regel, auch im statistischen Sinne. Als ein beredtes Beispiel dafür kann die jetzige Familienministerin Ursula VON DER LEYEN angesehen werden, die als promovierte Frauenärztin zugleich Mutter von sieben Kindern ist und daher von der Berliner Zeitung als „die Supermutterpowertochter" bezeichnet wurde. (vgl. Berliner Zeitung, Nummer 288, 8. Dezember 2004, Seite 5)

schreibt[74], offenbart zudem noch, dass die deutsche Gesellschaft gegenwärtig in einer eigenartigen Schizophrenie zu leben scheint: Selbst im Jahr 2003 gibt die überwiegende Mehrheit der befragten männlichen und weiblichen Personen im Alter zwischen 20 und 39 Jahren zu Protokoll, dass sie Kinder wollen. Und dennoch scheint sich allein im Verlaufe des letzten Jahrzehnts vor allem die gebildete und in der Regel einkommensstärkere Mittelschicht geradezu massenhaft aus dem Lebenskonzept „Familie mit Kindern" zu verabschieden.[75] Auch hier sind die wenigen Zahlen ein trügerisches und alarmierendes Indiz zugleich: Es sind weniger die Frauen, die tendenziell für eine Kinderabstinenz optieren, als vielmehr die Männer, deren Anteil sich allein in den letzten zehn Jahren von 13 % auf 26 % verdoppelt hat. „Männer im Zeugungsstreik" titelt die Berliner Zeitung gekonnt und trifft damit den Nagel auf den Kopf.[76] Es sind eben nicht nur die Frauen schuld, wenn die Deutschen derzeit und weltweit zu den zeugungsfaulsten Nationen gehören. Wenn eine zunehmende Anzahl der deutschen Männer ausdrücklich kundtut, dass sie keine Kinder wollen, fehlen schlicht und einfach die Väter, die eben zum kinderbejahenden Lebenskonzept gehören, wie die Kehrseite einer Medaille. Lediglich von den Frauen die Erkenntnis und die Einsicht zu verlangen, dass ihre private Entscheidung für oder gegen Kinder Deutschlands demografische Misere mildern oder verschlechtern hilft, ist nicht nur absurd, sondern zugleich auch bar aller menschlichen Logik. Das männliche Geschlecht hat gleichsam die Lasten zu tragen, die sich aus Deutschlands demografischen Misere in mannigfaltigen Erscheinungsformen und Gewichtigkeiten anhäufen. Nicht nur die kinderlosen Frauen, sondern auch die kinderlosen Männer wollen schließlich einmal eine Rente beziehen.

Abbildung 8-10: Kinderwunsch

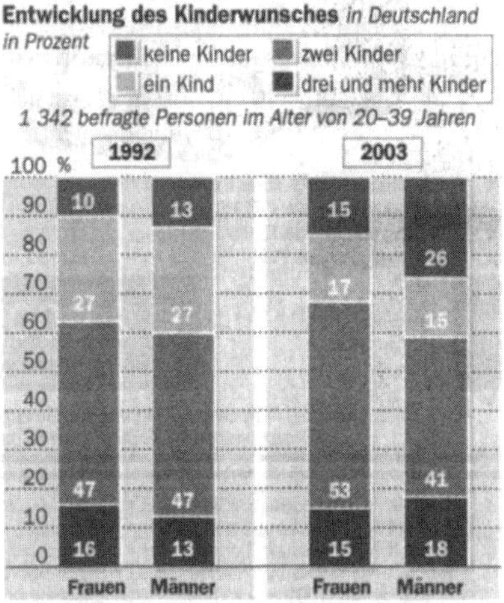

[74] Quelle: Berliner Zeitung, Nummer 60, 11./12. März 2006, Seite 6

[75] vgl. GASCHKE, Susanne: Was Eltern verdienen, SPD und Union wetteifern um die bessere Familienpolitik. Fast alle profitieren, in: DIE ZEIT, Nr. 4 vom 19. Januar 2006

[76] vgl. GEIPEL, Ines: Männer im Zeugungsstreik. Nicht nur die Frauen sind schuld, wenn Deutschland ausstirbt. Es fehlt vor allem an Vätern, in: Berliner Zeitung, Nummer 248, 24. Oktober 2005, Seite 25

Schwangerschaftsabbrüche. Die statistische Beschreibung des sich langsam verstetigenden Phänomens der Kinderlosigkeit zieht zwangsläufig ein weiteres Thema auf den Plan, das auch heute noch die deutsche Gesellschaft in ein konservatives und in ein liberales Lager zu spalten scheint: die Schwangerschaftsabbrüche. Dabei steht es außer Zweifel, dass Wunschkinder eine von Erniedrigungen und ökonomischen Zwängen befreite Errungenschaft moderner und auf der Gleichberechtigung beider Geschlechter beruhender Gesellschaften sind. Im Blickwinkel der Bevölkerungsreproduktion sind Schwangerschaftsabbrüche allerdings ambivalent. Während in einer Bevölkerung, die sich auf einem hohen Niveau erweitert reproduziert, Geburtenregelungen auf eine damit verbundene Bevölkerungsexplosion dämpfend und in einem positiven Sinne einschränkend wirken, kehrt sich diese dämpfende Wirkung in einer Bevölkerung, die sich nicht mehr einfach reproduziert und hochgradig schrumpft, genau in ihr Gegenteil um: Sie wirkt nunmehr wie ein Brandbeschleuniger.

Abbildung 8-11: Schwangerschaftsabbrüche[77]

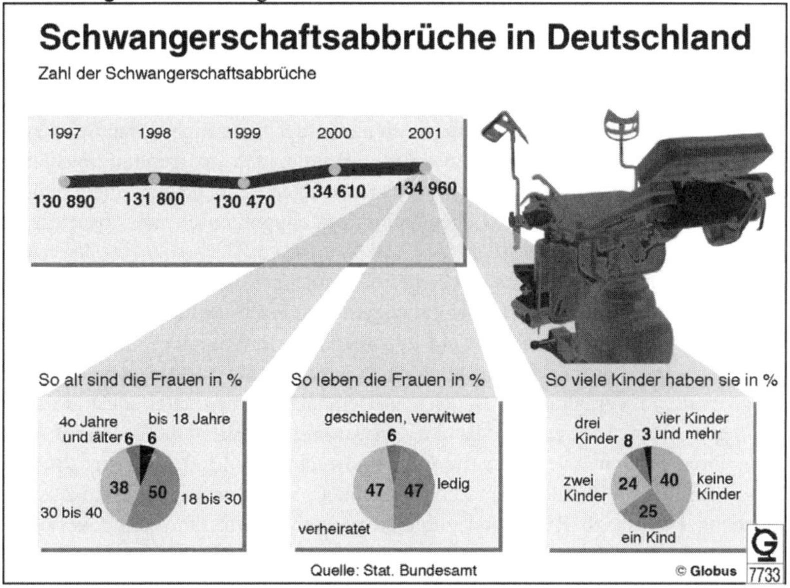

Die Botschaft der Grafik innerhalb der Abbildung 8-11 ist trübe und irritierend zugleich: Frauen, die sich für eine Abtreibung entscheiden, sind meist kinderlos, ledig, unter 30 (und aus biologischer Sicht im idealen fertilen Alter). Schaut man

[77] Quelle: Globus Infografik GmbH Hamburg, Grafiknummer: 7733/2002

genauer hin, so zeigt sich, dass Deutschland auch in dieser Hinsicht ein geteiltes Land ist: Stellt man zu Vergleichszwecken einmal die Anzahl der Schwangerschaftsabbrüche im Jahr 2004 der Anzahl der Lebendgeborenen gegenüber, so entfallen deutschlandweit im Durchschnitt $(129650/705631)\cdot 1000 \approx 184$ Schwangerschaftsabbrüche auf 1000 Lebendgeborene[78]. Im West-Ost-Vergleich stellt sich die erwartete Schieflage ein: Während man für die alten Bundesländer im Jahr 2004 im Durchschnitt 163 Schwangerschaftsabbrüche je 1000 Lebendgeborene ermittelt, errechnet man für die neuen Bundesländer eine Dichte von 275 Schwangerschaftsabbrüchen auf 1000 Lebendgeborene. Von den insgesamt 129650 Schwangerschaftsabbrüchen, wovon lediglich $[(3308 + 29)/129650]\cdot 100\,\% \approx 2{,}6\,\%$ wegen einer medizinischen oder kriminologischen Indikation und in logischer Konsequenz $[(129650 - 3308 - 29)/129650]\cdot 100\,\% \approx 97{,}4\,\%$ aufgrund der Beratungsregelung vorgenommen wurden, wirken diese allein auf der Beratungsregelung basierenden 126313 Schwangerschaftsabbrüche auf einem ersten Blick wie ein übermäßiger und Schwindel erregender Aderlass, der einem hypothetischen prozentualen Rückgang der Lebendgeborenen auf $[705631/(705631 + 126313)]\cdot 100\,\% \approx 84{,}8\,\%$ bzw. um $(1 - 0{,}848)\cdot 100\,\% = 15{,}2\,\%$ entspräche, wenn man der Einfachheit halber einmal die beratungsbasierten Abbrüche als virtuelle Lebendgeborene betrachtete. Ein scheinbar und eher optimistisch anmutendes Bild erhielte man, wenn man unter den gleichen Annahmen die folgenden Überlegungen anstellen würde: Würde man die beratungsbasierten Schwangerschaftsabbrüche als virtuelle Lebendgeborene deuten, dann würde nicht nur die Anzahl der Lebendgeborenen hypothetisch auf beachtliche $[(705631 + 126313)/705631]\cdot 100\,\% \approx 118\,\%$ bzw. um $(1{,}18 - 1)\cdot 100\,\% = 18\,\%$ ansteigen, sondern gleichsam auch die zusammengefasste Fertilitätsziffer. Die wertmäßige Vergrößerung der zusammengefassten Fertilitätsrate von derzeit 1,36 Kindern je Frau im fertilen Alter auf hypothetische 1,58 Kinder je Frau im fertilen Alter wäre allerdings immer noch ein beängstigender pathologischer Befund im generativen Verhalten der Deutschen. Demnach würden unter sonst gleichen Bedingungen im heutigen Deutschland erwartungsgemäß 1000 Frauen im Verlaufe ihres fertilen Alters erwartungsgemäß nicht nur 1360 Kindern, sondern hypothetisch 1580 Kindern das Leben schenken. Selbst wenn in diesem Zusammenhang HAHNE zu Recht und zugleich polemisch wirksam darauf verweist, dass seit der Einführung der Fristenregelung im Jahr 1974 in Deutschland mehr als acht Millionen ungeborene Kinder „getötet“ wurden, „Jahr für Jahr eine Großstadt“ wie er suggestiv anmahnt, so irrt er allerdings bei seiner Aussage, dass dies „jährlich die doppelte Einwohnerzahl von Potsdam“ sei.[79] Die Einwoh-

[78] Quelle: Statistisches Jahrbuch 2005 für die Bundesrepublik Deutschland, Seite 50 und 244

[79] HAHNE, Peter: Schluss mit lustig. Das Ende der Spaßgesellschaft, Johannis-Verlag Lahr/Schwarzwald 2004, Seite 46

nerzahl Potsdam lag im Jahresdurchschnitt 2003 bei 145000 Einwohnern und die Anzahl der Schwangerschaftsabbrüche belief sich für Deutschland im Jahr 2003 auf insgesamt 128030 Fälle.[80] In einer Hinsicht sind HAHNEs wertkonservativen Ansichten allerdings schwer zu entkräften: Der aus bevölkerungsstatistischer Sicht unheilige und bereits über vier Jahrzehnte andauernde Egotrip, der in der deutschen Gesellschaft zu beobachten ist und auf dem vor allem die bildungsnahe deutsche Mittelschicht in einer immer größer werdenden „Gemeinschaft" wandelt, hat offensichtlich und zwangsläufig auch die gesellschaftlichen Einstellungen zu Familie und Kindern grundlegend verändert.

Internationaler Vergleich. Über alle diese pathologischen Befunde im generativen Verhalten der Deutschen kann gemäß dem Motto „geteiltes Leid ist halbes Leid" auch der Umstand nicht hinwegtrösten, wonach das Virus der Kinderlosigkeit nicht nur die deutsche Bevölkerung affiziert hat, sondern vor allem auch in den südeuropäischen und in den osteuropäischen Ländern zu wüten scheint.

Abbildung 8-12: Fertilitätsraten im internationalen Vergleich[81]

Dass für die zusammengefassten Fertilitätsraten innerhalb der Abbildung 8-12 das fertile Alter einer Frau auf die Zeitspanne zwischen dem 15. und 49. Alters-

[80] Quelle: Statistisches Jahrbuch 2005 für die Bundesrepublik Deutschland, Seite 39 und 244
[81] Quelle: Globus Infografik GmbH Hamburg, Grafiknummer: 0412/2006

jahr erweitert wurde, berührt nicht die Kernaussage dieser Grafik. Würde in Anlehnung an die interrogative Überschrift in der Abbildung 8-12 das Einzelkind mehrheitlich und zukünftig zu einer „europäischen Norm", dann müsste die von amerikanischen Konservativen geprägte und mittlerweile zum geflügelten Wort mutierte Floskel vom „alten Europa" zwangsläufig auch eine Erweiterung erfahren: Man wird dann vermutlich und weltweit über das „alte und langsam aussterbende Europa" spötteln. Dabei zeigen nicht nur die US-Amerikaner, sondern auch die Nordeuropäer sowie die Niederländer und die Franzosen, dass auch in modernen Wirtschafts- und Wohlstandsgesellschaften zumindest eine einfache Bevölkerungsreproduktion funktionieren kann. Dass allerdings in den reproduktionsfreudigeren Gesellschaften nicht alles Gold ist, was glänzt, wird z.B. in einem Essay unter dem Titel „der liberale Baby-Knick" der Tageszeitung USA TODAY beschrieben.[82] Bereits die Frage, die eingangs des Essays formuliert wird und auf den Unterschied zwischen den Großstädten Seattle und Salt Lake City abstellt, macht neugierig. Die unmittelbare Antwort offenbart, dass das Gespenst der Kinderlosigkeit offensichtlich nicht nur im „alten Europa" herumgeistert. Im progressiven Seattle, so wird vermerkt, gibt es nahezu 45 % mehr Hunde als Kinder. Im konservativen Salt Lake City gibt es nahezu 19 % mehr Kinder als Hunde. Die Ursache für diese Diskrepanz liegt nicht in einer mehr oder weniger stark ausgeprägten Hundeliebe, sondern einzig und allein darin, dass liberale und progressiv eingestellte Menschen in der Regel weniger Kinder haben als konservativ eingestellte und religiös gebundene Menschen. Im Bundesstaat Utah mit seiner Hauptstadt Salt Lake City, in dem mehr als zwei Drittel der Bevölkerung der Religionsgemeinschaft der Mormonen angehören, beläuft sich gegenwärtig die allgemeine Fertilitätsrate auf 92 Kinder je 1000 Frauen im fertilen Alter. Sie ist damit die höchste allgemeine Fertilitätsrate in den Vereinigten Staaten von Amerika. Im Vergleich dazu fällt die allgemeine Fertilitätsrate von 43 Kindern je 1000 Frauen im fertilen Alter im Deutschland des Jahres 2003 mehr als bescheiden aus.[83] Ein Seitenhieb auf die zeugungsfaulen und kinderarmen Europäer bleibt dabei nicht aus, wenn lakonisch und spöttisch zugleich vermerkt wird, dass die Europäer, die sich selbst gern als Weltbürger sehen und begreifen, leider zu wenige Kinder bekommen. Das Kronjuwel des säkularen Liberalismus, die Europäische Union, steht aus demografischer Sicht auf wackligen Beinen. Die kontrovers diskutierte Aufnahme der Türkei in die Europäische Union wäre aus bevölkerungsstatistischer Sicht wegen der höheren Geburtlichkeit von durchschnittlich 2,5 Kindern je Frau im fertilen Alter auch keine Lösung. Deutschland benötigt dringend eine Bevölkerungspolitik, die diesen Namen auch verdient. ♣

[82] LONGMAN, Phillip: The liberal baby bust, in: USA TODAY, Tuesday, March 14, 2006, 15A
[83] Quelle: Statistisches Jahrbuch 2005 für die Bundesrepublik Deutschland, Seite 52

Das Natalitätsdilemma

Dilemma. Bereits in den vorhergehenden Betrachtungen wurde wiederholt darauf verwiesen, dass irgend etwas in der deutschen Gesellschaft mit Beginn der siebziger Jahre des 20. Jahrhunderts schief gelaufen sein muss. Gleichsam wie im Rausch wandeln seitdem immer mehr Deutsche auf einem Egotrip mit einem absehbar unheilvollen Ausgang, den bereits die alten Griechen ein Dilemma nannten und damit nichts anderes meinten, als einen Scheideweg, dessen beide Pfade unausweichlich zu einem Abgrund führen. Dies betrifft gemäß Abbildung 8-13 sowohl den Pfad der Kinderlosigkeit als auch den Pfad der „späten Geburt".

Abbildung 8-13: Das Natalitätsdilemma[84]

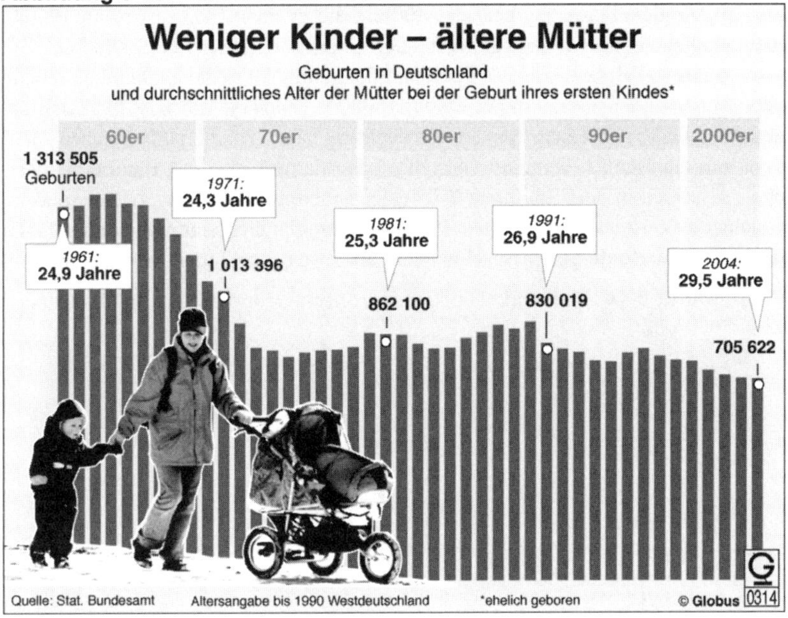

Die Grafik selbst bedarf streng genommen keines weiteren erklärenden Kommentars mehr: Die unheilige Allianz eines tendenziellen Falls der Geburten einerseits und eines tendenziellen Anstiegs des Durchschnittsalters der Erstgebärenden andererseits untermauern das harte Urteil vom Egotrip, auf dem die Deutschen seit nunmehr vierzig Jahren zunehmend mehr wandeln. Belief sich eingangs der siebziger Jahre des 20. Jahrhunderts das Durchschnittsalter einer Frau bei der Geburt ihres ersten Kindes auf 24 Jahre, so ist es eingangs des 21. Jahr-

[84] Quelle: Globus Infografik GmbH Hamburg, Grafiknummer: 0314/2005

hunderts um mehr als fünf Jahre auf nahezu 30 Jahre gestiegen. Diese statistische Aussage koinzidiert mit der Abbildung 4-1, in der für die deutsche Bevölkerung im Jahr 2003 die altersspezifischen Fertilitätsraten grafisch dargestellt sind und für Mütter im Alter von 30 Jahren die höchste altersspezifische Fertilitätsrate angezeigt wird.

Altersmodus. Betrachtet man einmal für das Jahr 2003 die insgesamt 516080 ehelich Lebendgeborenen und denkt man sich diese auf das Alter der Mütter verteilt, so markieren die 38879 ehelich Lebendgeborenen, deren Mütter 32 Jahre alt waren, den Verteilungsgipfel. Aus statistisch-methodischer Sicht interpretiert man diesen Befund wie folgt: Das modale Alter bzw. der Altersmodus der verheirateten Mütter, die im Jahr 2003 Kinder lebend geboren haben, lag bei 32 Jahren. Im Vergleich dazu lag bei den Müttern, die im Jahr 2003 insgesamt 190641 nicht eheliche Kinder lebend geboren haben, das modale Alter bei 23 Jahren.

Geburtengebirge. Da im Deutschland des Jahres 2003 die ehelich und lebend geborenen Kinder immerhin $[516080/(516080 + 190641)]\cdot 100\ \% \approx 73\ \%$ der insgesamt lebend geborenen Kinder ausmachten, ist es zur demometrischen Deutung von Germanias Albtraum vom Natalitätsdilemma nützlich, die dreidimensionale Grafiken in der Abbildung 8-15 einer näheren Betrachtung zu unterziehen, welche die Verteilung der im Jahr 2003 in Deutschland ehelich Lebendgeborenen nach der Geburtenfolge und der Ehedauer der Eltern zum Inhalt haben.[85]

Abbildung 8-14: Ehelich Lebendgeborene nach Geburtenfolge und Ehedauer

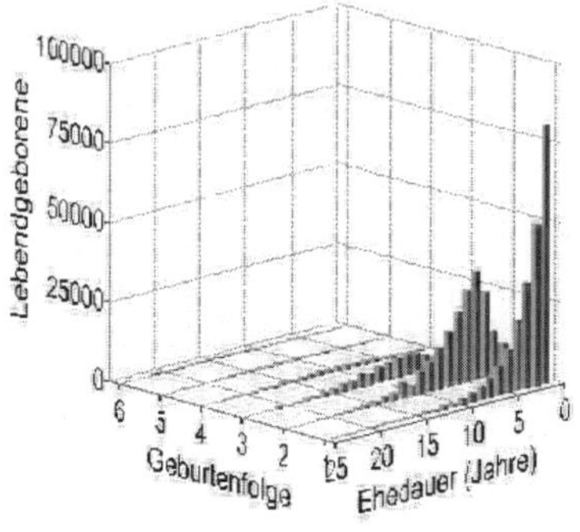

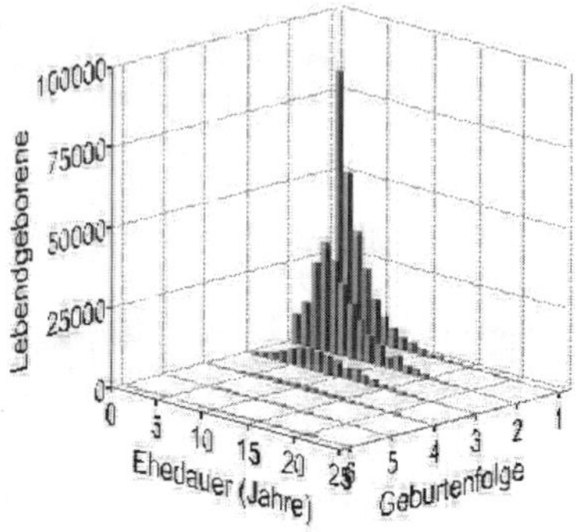

Zum Zwecke eines besseren Verständnisses wurde die gleiche bivariate Lebendgeborenenverteilung rotiert, so dass ihre Betrachtung aus zwei unterschiedlichen Blickwinkeln möglich wird. Bemerkenswert ist dabei, dass die Verteilung der Erstgeborenen extrem schief ist, ein Befund, der eigentlich nicht überrascht.

[85] Quelle: Statistisches Jahrbuch 2005 für die Bundesrepublik Deutschland, Seite 52. Die Grafiken wurden vom Autor des Essays mit Hilfe des Programmpakets SPSS 13.0 erstellt.

Demnach nimmt augenscheinlich die Anzahl der Lebendgeborenen, die in der Geburtenfolge als erstes Kind geboren wurden, exponentiell mit zunehmenden Ehejahren ab. Offensichtlich ist zudem, dass die überwiegende Anzahl der ehelichen Kinder als erstes Kind im ersten Ehejahr der Eltern geboren wurde. Diese im ersten Ehejahr Erstgebornen sind immerhin $(81430/516080) \cdot 100\,\% \approx 16\,\%$ aller im Jahr 2003 in Deutschland ehelich Lebendgeborenen. Evident sind auch die empirischen Verteilungen der Zweit- und Drittgeborenen, die augenscheinlich durch eine geringere Schiefe und Wölbung gekennzeichnet sind und in logischer Konsequenz ihre Gipfel erst in vierten bzw. im siebenten Ehejahr erreichen. Nicht per se evident und schon gar nicht unproblematisch ist der grafisch nachvollziehbare und ins Auge springende Befund, dass die verheirateten Eltern, die vier oder mehr Kinder besitzen, im Deutschland des Jahres 2003 eine kaum noch sichtbare und wahrnehmbare Bevölkerungsgruppe sind. Bedenkt man zudem noch, dass im Jahr 2003 das durchschnittliche Heiratsalter einer ledigen männlichen Person bei 32 Jahren und das einer weiblichen ledigen Person bei 29 Jahren lag, dann wird bereits anhand dieser wenigen statistischen Zahlen offenbar, dass eingangs des 21. Jahrhunderts die deutsche Gesellschaft noch überwiegend vom tradierten Rollenverständnis von Mann und Frau geprägt ist, allerdings im Vergleich zu vierzig Jahren vorher in einem Umfeld radikal veränderter gesellschaftlicher Normen und Wertvorstellungen. Viele Ehepaare verschieben nicht nur ihren Kinderwunsch zeitlich nach hinten, sie wollen überhaupt keine Kinder mehr. Und solange die Rente im ausgebauten deutschen Wohlfahrtsstaat vielen Erwachsenen und potentiellen Eltern als sicher galt, waren Kinder im Zuge der individuellen und egozentrischen Lebensplanung ohnehin nicht lebensnotwendig.[86] Die Resultante all dieser millionenfachen individuellen Lebensentwürfe, die nicht nur für ein Leben ohne Kinder optieren, sondern dieses auch in einem hohen Maße praktizieren, ist hinreichend bekannt: Nicht nur fallende Geburtenraten sind die Folge, sondern ein Geburtenratenniveau, das bereits seit drei Jahrzehnten keine einfache Bevölkerungsreproduktion mehr ermöglicht.

Oma-Mütter. Und die immer kleiner werdende Gruppe derer, die noch Kinder bekommen, schieben die Geburt ihrer Kinder tendenziell immer weiter hinaus, so dass immer mehr erstgebärende Mütter bereits das „fertile Großmutteralter" erreichen, in welchem sie plötzlich und besorgniserregend das Ticken ihrer ablaufenden biologischen Uhr hören. Auch diese Tendenz hat zunehmend fatale Folgen. Gemäß Abbildung 8-13 bekommt derzeit in Deutschland im Durchschnitt eine Frau ihr erstes Kind mit knapp dreißig Jahren. Mehr als ein Fünftel der Erstgebärenden sind älter als 35 Jahre. In urbanen Ballungsgebieten ist dieser

[86] vgl. KLOEPFER, Inge: Auf immer kinderlos, die deutsche Extratour, in: Frankfurter Allgemeine Sonntagszeitung, 26. Februar 2006, Seite 33

Anteil noch höher. Allein in Berlin liegt er bei nahezu einem Viertel. Die medizinischen Indikationen bei erstgebärenden Frauen, die das Alter von 35 Jahren überschritten haben, sind wegen eines erhöhten Risikos für Mutter und Kind alarmierend und besorgniserregend zugleich, von den daraus abzuleitenden Kosten einmal ganz zu schweigen: Die Gruppe von Frauen steht dabei zunehmend in der Gefahr, Nachwuchs mit körperlichen bzw. gesundheitlichen Behinderungen in die Welt zu setzen. Die Perinatalmediziner sprechen in diesem Zusammenhang von unreifen Riesenbabys, die mehrheitlich mit einem Kaiserschnitt auf die Welt geholt werden müssen und deren höheres Geburtsgewicht auch das Risiko für Diabetes und Adipositas erhöht. Während 1970 das Geburtsgewicht bei einem Neugeborenen im Durchschnitt noch bei 3200 Gramm lag, ist es heutzutage nahezu auf durchschnittlich 4000 Gramm angestiegen.[87] Typischen Paaren mit Nachwuchsproblemen – Mitte 30, der Job gesichert, das Leben wohlorganisiert – fällt es besonders schwer, das Urteil der Natur zu akzeptieren. Hinzu kommt noch, dass der Panikpegel bei den betroffenen Paaren um so höher steigt, je enger das Zeitfenster wird, in der sich die Zeiger der biologischen Uhr noch bewegen können, bevor sie entgültig fallen und die Chance für die Erfüllung eines Kinderwunsches gleich null ist. Die Angst, am Ende vor einer leeren Wiege zu stehen, treibt viele Paare schließlich in die Obhut der Reproduktionsmediziner, deren Möglichkeiten und Erfolge letztlich auch nur begrenzt sind.[88]

Unfruchtbarkeit. Es ist im Einzelfall oft das ungerechte Spiel des Lebens, dass diejenigen, die sich sehnlichst Kinder wünschen, keine Kinder bekommen können. Schätzungen gehen davon aus, dass in Deutschland derzeit etwa 15 % aller Paare ungewollt kinderlos sind.[89] Dies sind nahezu zwei Millionen Paare. Liegt das Problem beim Mann, dann ist die künstliche Befruchtung ein möglicher Ausweg. Künstliche Befruchtungen sind in Deutschland legal, solange ein Paar verheiratet ist. Allerdings ist nicht einmal ein Drittel aller in Deutschland durchgeführten künstlichen Befruchtungen erfolgreich. Betrachtet man die 61700 künstlichen Befruchtungen, die im Jahr 2004 statistisch erfasst wurden, dann wären bei einer optimistischen Erfolgsquote von 30 % erwartungsgemäß immerhin noch nahezu $61700 \cdot 0{,}30 \approx 18510$ Befruchtungen erfolgreich gewesen. Unterstellt man einmal, dass die so gezeugten Kinder lebend geboren wurden, dann wären dies zwar nur $(18510/705631) \cdot 100\ \% \approx 2{,}6\ \%$ aller in Deutschland im Jahr 2004 lebend geborenen Kinder, aber immerhin eine 18510fache Glückseeligkeit für Paare, die ansonsten ungewollt keine Kinder hätten haben können.

---

[87] vgl. Berliner Zeitung, Nummer 282, 1. Dezember 2005, Seite 17, „Es gibt immer mehr unreife Riesenbabys", Interview von Anne BRÜNING mit dem Perinatalmediziner Klaus VETTER

[88] vgl. SPIEWAK, Martin: Die Uhr tickt unerbittlich., in: DIE ZEIT, Nr. 8, 12. Februar 2004, S. 9

[89] vgl. Berliner Zeitung, Nummer 58, 9. März 2006, Seite 8, Beitrag in der Reihe „Volk in Falten": Zwei Millionen Paare sind ungewollt kinderlos – der Staat hilft nur begrenzt

Quintessenz. Frauen der Altersgruppe 35 plus stellen aus medizinischer Sicht in zweierlei Hinsicht eine Risikogruppe dar: einerseits in puncto Empfängnisfähigkeit und zweitens in puncto Geburtlichkeit vor allem bei den Erstgebärenden. Aus demografischer Sicht bilden sie die anteilmäßig immer größer werdende Gruppe der sogenannten Oma-Mütter, die sich zunehmend aus dem Kreis der akademisch bebildeten Frauen rekrutieren. Gedankenlose und kinderfeindliche Karrieristinnen mag es geben, sie sind aber nicht typisch für diese Frauen, die ihren Kinderwunsch in der Rushhour ihres Lebens meist aus Karrieregründen zeitlich immer weiter hinausschieben, bis aus einer gewollten Kinderlosigkeit plötzlich und unwiederbringlich eine ungewollte Kinderlosigkeit geworden ist. Ein mögliches Erfolgsmodell, das radikal und mutig zugleich anmutet, ist das Modell Madeleine: Madeleine ALBRIGHT heiratete jung, bekam erst ihre Kinder, studierte, promovierte und begann dann ihre Karriere, die sie zur ersten Außenministerin der USA empor führte.[90] So früh heiraten wie die Großmütter und nicht erst als Großmütter Kinder kriegen, hieße die Lösung, die vermutlich schnell als altmodisch und regressiv abgetan und zerrissen würde. Bleibt man der Anschaulichkeit und der Vergleichbarkeit halber einmal bei den Erstgebärenden, die mindestens 35 Jahre alt sind, und unterstellt man weiterhin, dass sich das mütterliche Lebenskonzept auch in der Lebensplanung der Töchter chronologisch und kongruent widerspiegelt, dann könnte diese Mütter- bzw. Elterngeneration frühestens im Alter von 70 Jahren die Glücksphase einer Großmütter- bzw. Großelterngeneration erleben. Dass dies für eine Kindergeneration eine potentiell unermessliche Verschwendung von menschlicher Lebenserfahrung und Lebensweisheit bedeutet, wenn eine Großelterngeneration eigentlich schon eine Urgroßelterngeneration sein könnte, steht dabei außer Zweifel. Die reichhaltig sprudelnden Quellen menschlichen Daseins, die eine höhere Lebenserwartung per se mit sich bringt, versiegen durch ein massenhaftes Oma-Mütter-Phänomen wie kostbares Wasser im Wüstensand. Germanias Albtraum vom demografischen Dilemma in Gestalt des Kinderlosigkeitspfades und des Oma-Mütter-Pfades, die letztlich beide zu einem existenzbedrohenden Abgrund führen, ist im Deutschland von heute eine irreversible Realität geworden: In Zukunft wird es weniger Deutsche geben. Selbst wenn gemäß der Wunschtraum-Szenarien 2030 und 2103 innerhalb der Abbildungen 7-11 und 7-12 umgehend ein „generativer Ruck" durch die deutsche Gesellschaft ginge und die gebärfaulen Deutschen ein Babywunder herbeizaubern würden[91], bedürfte es mindestens dreier Generationen, um die generativen Versäumnisse der letzten vierzig Jahre zu kompensieren. ♣

[90] vgl. BRINCK, Christine: Es geht doch. Junge Frauen leben ihr Leben in der falschen Reihenfolge. Warum eigentlich?, in: DIE ZEIT, Nummer 10, 2. März 2006, Seite 5

[91] vgl. MÜNZ, Rainer: Verzweifelt gesucht: Auch wenn die gebärfaulen Deutschen ein Babywunder herbeizaubern könnten, in: DIE ZEIT, Nummer 18, 26. April 2001, Seite 4 ff

Entvölkerte Landstriche

Kartogramme. Einem Triptychon gleich sind innerhalb der Abbildung 8-15 drei Kartogramme aneinandergereiht, welche jeweils die Landkarte Deutschlands für die Jahre 2003, 2050 und 2103 in ihrer territorialen Gliederung nach den 16 Bundesländern skizzieren. Die hinsichtlich ihrer Intensität unterschiedlich ausgeprägten Einfärbungen für die einzelnen Bundesländer basieren auf der statistischen Kennzahl der Bevölkerungsdichte, die jeweils im Zuge der im siebenten Kapitel skizzierten Status-quo-Szenarien berechnet wurde. Der Einfachheit halber wurde im konkreten Fall unterstellt, dass sich die derzeit gültigen landesspezifischen Bevölkerungsdichten proportional verhalten zu den Veränderungen in der Bevölkerungsdichte für Deutschland insgesamt.

Abbildung 8-15: Kartogramme, Basis: Bevölkerungsdichte in Personen je km²

Der beachtliche Rückgang der Besiedlungsdichte, der gleichzeitig ein Anwachsen der Proximität markiert, erscheint in Germanias Albtraum von den entvölkerten Landstrichen in Gestalt zunehmend verblassender Kartogramme, die letztlich nichts anderes bildhaft beschreiben, als tendenziell und langsam verwaisende Regionen, in der sich, wie der Volksmund zu sagen pflegt, nur noch „Fuchs und Hase gute Nacht sagen". Dass die Verwaisungstendenz gegenwärtig vor allem in den ostdeutschen Bundesländern partiell und temporär noch eine Beschleunigung erfährt, untermauern anschaulich zum einen die Abbildung 8-27, die unter der Überschrift „Ostdeutsche Landschaften leeren sich" für den Zeitraum nach der Wiedervereinigung die interne Migration von „Ost nach West" zum Gegenstand hat, und zum anderen die Abbildung 8-16, die unter der Überschrift „Menschen und Regionen" für Deutschland im Jahr 2020 eine kartografische Projektion der hypothetisch zu erwartenden Bevölkerungsagglomeration darstellt.[92]

Schwund- und Boomregionen. Was bleibt, ist der wenig optimistisch stimmende und triste Umstand, dass in nicht allzu ferner Zukunft Deutschland in so-

[92] Quelle: Globus Infografik GmbH Hamburg, Grafiknummer: 9594/2004. Die kartografische Projektion basiert auf einer Prognose des Bundesamtes für Bauwesen und Raumordnung.

genannte Schwund- und Boomregionen[93] zerfallen wird. Gemäß der Projektion innerhalb der Abbildung 8-16 würde sich bereits im Jahr 2020 abzeichnen, dass die Verlierer der Bevölkerungsagglomeration vor allem die ländlichen Regionen in den neuen Bundesländern sein werden. Die Gewinner werden die wirtschaftlichen Ballungszentren und die „Speckgürtel“ der Großstädte sein. Für die Mehrheit der deutschen Bevölkerung bleibt nur die triste Alternative, zukünftig entweder in nahezu menschenleeren Landstrichen oder in der quetschenden Enge pulsierender Ballungsräume leben zu müssen.

Abbildung 8-16: Agglomeration

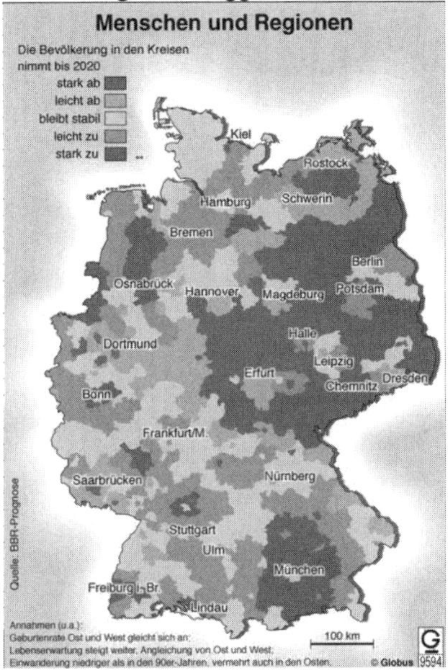

Aussichten. Zweifelsfrei düster sind die Aussichten, wenn man einmal nur die folgenden schlagwortartig skizzierten Gegebenheiten bedenkt: Die geburtenschwachen Jahrgänge sind in das arbeitsfähige Alter aufgerückt. Ausbildungs- und Arbeitsplätze sind vor allem in den strukturschwachen und ländlichen Regionen rar. Die wenigen, die ihre Schulbildung erfolgreich abgeschlossen haben, wandern in die boomenden Wirtschaftsregionen und in die urbanen Ballungsgebiete ab, weil sie dort entweder einen lukrativen Job erheischen oder an einer Hochschule studieren können. Die Bildungsfernen reihen sich zu einem immer größer werdenden Anteil in das ohnehin schon viel zu große Heer der Arbeitslosen und der Frustrierten ein. Die Bevölkerung mittlerer und kleiner Städte schrumpft und vergreist zusehends. Die umliegenden Dörfer verwaisen regelrecht und die wenigen, die noch geblieben sind, werden zu Einsiedlern. Wegen Schülermangels werden Schulen geschlossen. Bis auf wenige Ausnahmen werden Hochschulen und Universitäten nicht mehr wegen überfüllter Hörsäle wehklagen. Vor allem Hochschulen in den neuen Bundesländern werden gemäß Abbildung 8-17 mit stark dezimierten Erstsemestern rechnen müssen.

---

[93] vgl. KLINGHOLZ, Rainer, Franziska MEDICUS, Steffen KRÖHNERT, Berlin-Institut für Bevölkerung und Entwicklung: Die demografische Lage der Nation – Wie zukunftsfähig sind Deutschlands Regionen?, Daten, Fakten, Analysen, Deutscher Taschenbuch Verlag, München, 2006, Seite 36 ff

Abbildung 8-17: Studierende im ersten Hochschulsemester[94]

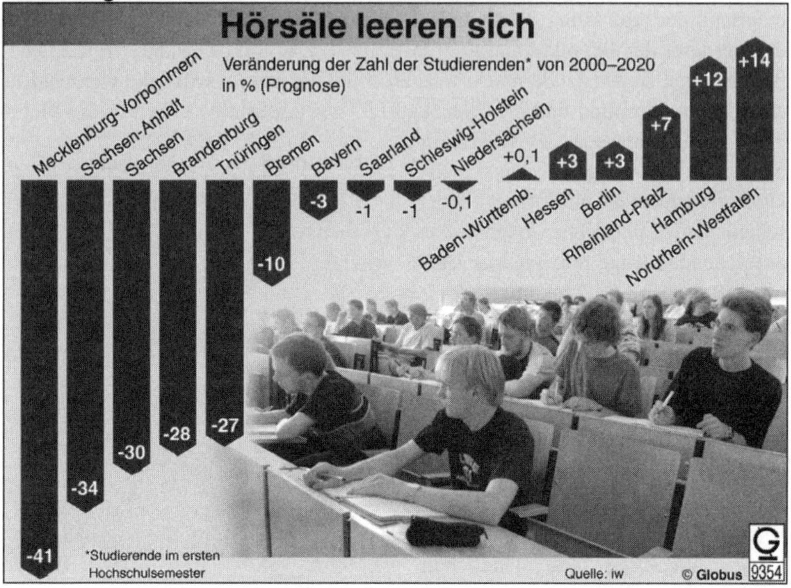

Im Gegensatz dazu werden Krankenhäuser, Alters- und Pflegeheime eine andauernde Überbelegung beklagen. Aus Kapazitäts- und Kostengründen werden Kindergärten zu „Rentnergärten" und in Krankenhäusern Kreißsäle zu Sterbezimmern umfunktioniert. Maßlose Übertreibung? Mag sein, aber ganz so unwirklich sind diese Betrachtungen nicht. Über paradiesisch anmutende Zustände werden hingegen die Ökologen in den entvölkerten Regionen berichten. Im Gegensatz zu den pulsierenden, vom Getöse geschäftigen Treibens umwobenen und mit Feinstaub gepuderten Boomregionen ist in den Schwundregionen wieder das Zwitschern von Vögeln wahrnehmbar. Das Wort Natur bekommt seine adäquate Bedeutung zurück. In den neuen Bundesländern werden die großflächigen, strukturschwachen und bevölkerungsarmen Regionen zu guter Letzt doch noch zu blühenden Landschaften, wohl nicht im ökonomischen, dafür aber im ökologischen und möglicherweise auch im touristischen Sinne. Selbst im Bundesverteidigungsministerium ist die Situation wenigstens in einer Hinsicht entspannter: Bombenabwurfsplätze erfahren keinen vehementen Widerstand der Anwohner mehr, einfach deshalb, weil es in den betroffenen Landstrichen kaum noch Anwohner gibt. Die Bundeswehr hat derweil ein anderes Problem: Es gibt nicht mehr genügend wehrtüchtige junge Männer. ♣

---

[94] Quelle: Globus Infografik GmbH Hamburg, Grafiknummer: 9354/2004

In der Deutschen Gerontokratischen Republik

Allegorie. Bei der Betrachtung der Abbildung 8-18, in der einerseits der hypothetische Altersaufbau der deutschen Bevölkerung im Jahr 2030[95] und andererseits der letzte deutsche Jüngling dargestellt ist, der (einem lediglich mit der deutschen Flagge geschürzten Gewichtheber gleich) die demografische Alterslast, die von der deutschen Gesellschaft in naher Zukunft zu tragen sein wird, zu stemmen versucht,[96] ist man geneigt, die Allegorie von der Alterslast noch durch das Gleichnis von der Herrschaft der Alten – der Gerontokratie – zu ergänzen.

Abbildung 8-18: Die Allegorie von der Alterslast und von der Gerontokratie

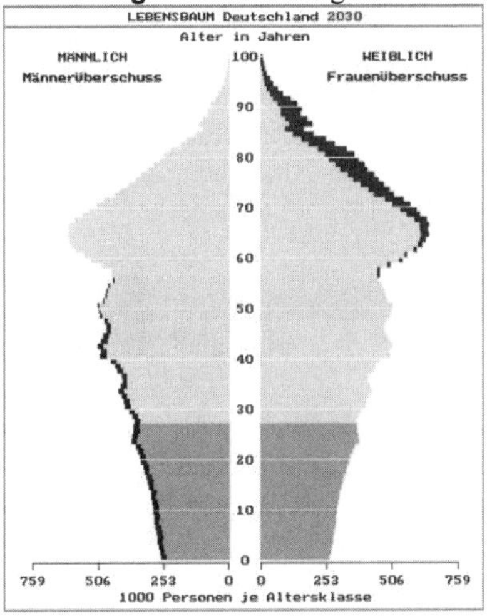

Die nüchternen Zahlen des Status-quo-Szenarios 2030 für die deutsche Bevölkerung, das im Kontext des siebenten Kapitels skizziert wurde, lassen auf den ersten Blick nicht viel Erfreuliches verheißen: Unter der Annahme, dass für die kommenden drei Jahrzehnte in Deutschland die gleichen Fertilitäts-, Mortalitäts- und Migrationsverhältnisse gelten würden, wie eingangs des 21. Jahrhundert, würden im Jahr 2030 erwartungsgemäß und im Durchschnitt einerseits 42 Senioren 100 erwerbsfähigen Personen und andererseits 217 Senioren 100 Kindern gegenüber stehen. Dies sind typische Indikatoren einer alternden und zugleich schrumpfenden Gesellschaft. Sie erklären sich im konkreten Fall vor allem aus dem Umstand, dass die geburtenstarken Jahrgänge eingangs der 60er Jahre des

[95] Der Altersaufbau ist identisch mit der Abbildung 7-3, die das Status-quo-Szenario 2030 grafisch beschreibt, das im Kontext des siebenten Kapitels skizziert und kommentiert wurde.

[96] Quelle: DER SPIEGEL, Titelbild zur Nummer 2 vom 5. Januar 2004

20. Jahrhunderts als zeugungs- und gebärfaule Babyboomer in das 21. Jahrhundert und schließlich als weitgehend kinderlose Senioren in das Rentenalter eingetreten sind bzw. eingetreten sein werden. Allerdings sagen die beiden Indikatoren in Gestalt einfacher statistischer Beziehungszahlen aus zweierlei und sofort einleuchtenden Gründen wenig über die tatsächliche Belastung der Gesellschaft aus: Erstens ist im Blickwinkel von Massenarbeitslosigkeit, so wie sie zur Zeit in Deutschland existent ist, nicht jeder Erwerbsfähige zugleich erwerbstätig. Zweitens sind von der jeweiligen Erwerbstätigengeneration grundsätzlich alle Gesellschaftsmitglieder zu versorgen, die nicht erwerbstätig bzw. erwerbsfähig sind, wozu nicht nur die Personen im Rentenalter, also die über 65-jährigen Personen, sondern auch die Kinder und Jugendlichen im Alter unter 15 Jahre zählen.

Gesamtquote. Aus den genannten Gründen ist es geboten, die aus der demografischen Entwicklung resultierende gesellschaftliche Belastung mittels eines aggregierten Indikators in Gestalt einer „Gesamtquote" zu beschreiben, deren Werte zum Zwecke des zeitlichen Vergleichs für die Jahre 2003 und 2030 gemeinsam mit den Basisrelationen in der Tabelle 8-1 dargestellt sind.

Tabelle 8-1: Aggregierte und Basisrelationen

Benennung der Relation	Relation für 2003	Relation für 2030
Senioren-Erwerbsfähigen-Quote	27 : 100	42 : 100
Erwerbsfähigen-Senioren-Quote	3,70 : 1	2,38 : 1
Senioren-Kinder-Quote	122 : 100	217 : 100
Kinder-Senioren-Quote	0,82 : 1	0,46 : 1
Gesamtquote, Basis: Erwerbsfähige	2,06 : 1	1,62 : 1
Gesamtquote, Basis: Erwerbstätige	1,85 : 1	1,54 : 1

Aufgrund dessen, dass statistische Beziehungszahlen generell umkehrbar sind, ist es streng genommen ohne Belang, ob man zum Beispiel für das Jahr 2003 die Senioren-Erwerbsfähigen-Relation von 27 Senioren je 100 Erwerbsfähige oder die Erwerbsfähigen-Senioren-Relation von 3,70 erwerbsfähigen Personen je Person im Senioren- oder Rentenalter einer analytischen Betrachtung zugrunde legt. Verwendet man einmal nur die Bevölkerungsbestands- und -strukturdaten[97] aus der Abbildung 6-1, so errechnet man unter Berücksichtigung der erwerbsfähigen Personen eine Gesamtquote von $82{,}5 \cdot 0{,}673/(82{,}5 \cdot 0{,}147 + 82{,}5 \cdot 0{,}180) \approx 2{,}06$ und interpretiert sie wie folgt: Im Jahr 2003 standen im Durchschnitt 2,06 erwerbsfähige Personen einer nichterwerbsfähigen Person, die entweder jünger als 15 Jahre oder älter als 65 Jahre war, gegenüber. Unterstellt man einmal eine Erwerbslo-

[97] Bei Verwendung der Bevölkerungsstrukturdaten ist zu beachten, dass im Simulationsmodell aus Vereinfachungsgründen die erwerbsfähige Bevölkerung alle männlichen und weiblichen Personen im Alter zwischen 15 und 65 Jahren umfasst und daher in ihrem Umfang zahlenmäßig höher ausgewiesen wird als in der amtlichen Arbeitsmarktstatistik.

senquote von 10 %[98], so überzeugt man sich anhand der folgenden Berechnung leicht davon, dass in logischer Konsequenz durchschnittlich nur noch $82{,}5 \cdot 0{,}673 \cdot (1 - 0{,}1)/(82{,}5 \cdot 0{,}147 + 82{,}5 \cdot 0{,}180) \approx 1{,}85$ erwerbstätige Personen einer nichterwerbsfähigen Person, die entweder unter 15 Jahre und über 65 Jahre alt ist, gegenüber standen. Analog berechnen sich die hypothetischen Relationen für das Jahr 2030, wobei für die Gesamtquote von 1,54 Erwerbstätigen je nichterwerbsfähige Person, die entweder jünger als 15 Jahre oder älter als 65 Jahr ist, eine Erwerbslosenquote von nur noch 5 % angenommen wurde.

Alterslast. Bei aller prognostischen Zurückhaltung, die stets geboten ist, und bei allem Optimismus, den man in diesem Fall an den Tag zu legen vermag[99], das Problem der Alterslast, das seinen Ursprung in der tendenziellen Kinderlosigkeit der vergangenen vier Jahrzehnte hat, lässt sich nicht so einfach vom Tisch wischen. Selbst wenn man von der trivialen Weisheit ausgeht, dass (gemäß dem Motto „irgendwie wird es schon weitergehen") das Leben stets aus Wandel, Anpassung und Bewegung besteht und dass die schrumpfenden Germanen eben nur etwas kreativer und wandlungsbereiter über Lebenszeit und Arbeitsmarkt nachdenken und handeln müssen, braucht man nur das kleine Einmaleins zu bemühen, um zu erkennen, dass erwartungsgemäß ab dem Jahr 2030 drei Erwerbstätige nicht nur für sich, sondern zugleich auch noch für zwei Nichterwerbsfähige die materiellen Existenzgrundlagen erwirtschaften müssen. Diese demografischen und gesamtwirtschaftlichen Fakten sind allgemein bekannt und werden bereits seit Jahren sowohl in der einschlägigen Literatur[100] als auch in den Printmedien[101] unter der Rubrik „Generationenvertrag" diskutiert.

---

[98] Die Erwerbslosenquote, die in der Regel in Prozent angegeben wird, ist definiert als Quotient aus der jahresdurchschnittlichen Anzahl der erwerbslosen Personen und der jahresdurchschnittlichen Anzahl der erwerbsfähigen Personen.

[99] vgl.: JOFFE, Josef: Kinderschwund – na und? Deutschland ist übervölkert, in: DIE ZEIT, Nr. 13, 23. März 2006, Seite 47 oder REUTER, Norbert: Die fetten Jahre sind nicht vorbei. Die Konsequenzen des demografischen Wandels, in: Forschung & Lehre, Nummer 5/2004, Seite 264 ff

[100] Stellvertretend für die breite Palette von Fachbüchern, die zum demografischen Wandel in Deutschland verfasst wurden, seien einmal nur die folgenden Fachbücher erwähnt: i) BIRG, Herwig: Die ausgebliebene Generation – Was die Demographie über unsere Zukunft sagt, Verlag C. H. Beck oHG, München 2005, ii) MIEGEL, Meinhard: Die deformierte Gesellschaft – Wie die Deutschen ihre Wirklichkeit verdrängen. Propyläen Verlag München 2002, iii) SCHIMANY, Peter: Die Alterung der Gesellschaft – Ursachen und Folgen des demographischen Umbruchs, Campus Verlag, Frankfurt am Main 2003, iv) SINN, Hans-Werner: Ist Deutschland noch zu retten?, Ullstein Taschenbuch, München 2005

[101] Stellvertretend für das breite Spektrum von einschlägigen Essays und Artikeln seinen einmal nur die Artikel erwähnt, die in diesem Essay bereits zitiert wurden und zum Beispiel in den Wochenzeitschriften DIE ZEIT und DER SPIEGEL oder in den Tageszeitungen FRANKFURTER ALLGEMEINE ZEITUNG oder BERLINER ZEITUNG erschienen. Die BERLINER ZEITUNG veröffentlichte erst im März 2006 unter den Titel „Volk in Falten" eine ganze Artikelreihe zur demografischen Situation in Deutschland.

Arbeitsmarkt. Betrachtet man einmal nur die Bevölkerungsbestands- und -strukturdaten der Status-quo-Szenarien innerhalb der Abbildungen 7-1 und 7-4, so würde die erwerbsfähige Bevölkerung von insgesamt $81{,}4 \cdot 0{,}664 \approx 54$ Millionen Personen im Jahr 2010 auf $66{,}8 \cdot 0{,}598 \approx 40$ Millionen Personen im Jahr 2040 schrumpfen. Demnach würde sich im Zeitraum von nur drei Jahrzehnten das Heer der potentiellen Erwerbsfähigen absolut um 14 Millionen Personen und relativ um $(1 - 40/54) \cdot 100\ \% \approx 26\ \%$ bzw. um mehr als ein Viertel dezimieren. Allein aufgrund dieser elementaren Betrachtungen kann man davon ausgehen, dass in der deutschen Volkswirtschaft in Zukunft die Erwerbslosigkeit keine Massenerscheinung mehr sein wird. Zudem werden die in den letzten Jahren von der deutschen Wirtschaft sehr häufig praktizierten und großzügigen Vorruhestandsregelungen der Vergangenheit angehören. Doch nicht nur dies: Die im siebenten Kapitel skizzierten Status-quo-Szenarien prognostizieren, dass Deutschland zukünftig mit einem stetig wachsenden Mangel an neuen Arbeitskräften konfrontiert sein wird. Die Grafik innerhalb der Abbildung 8-19 zeigt, dass bereits im Jahr 2002 rund 15 % weniger junge Hochqualifizierte dem Arbeitsmarkt zur Verfügung standen als noch elf Jahre vorher: Tendenz steigend.[102]

Abbildung 8-19: Akademikermangel

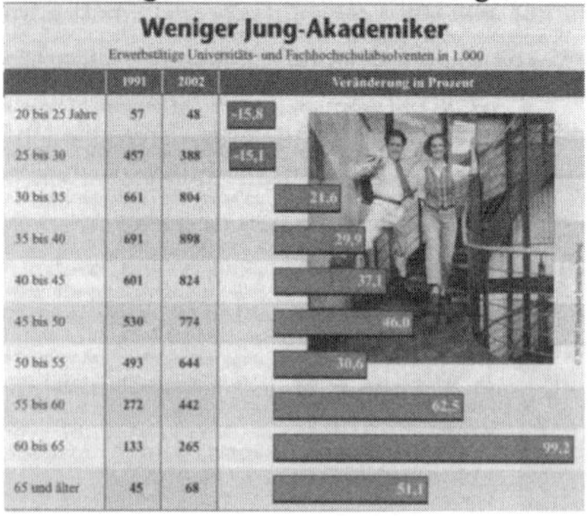

Die Ursachen für den Mangel an jungen Akademikern sind auch in diesem Zusammenhang allbekannt: Während eingangs der neunziger Jahre noch nahezu 80 % der Abiturienten sich an einer Hochschule oder Universität zum Studium einschrieben, waren es zehn Jahre später nicht einmal mehr 70 % aller Abiturienten, die zudem noch aus den geburtenschwächeren Pillenknick-Jahrgängen eingangs der achtziger Jahre des vergangenen Jahrhunderts stammen. Selbst wenn analog zu den Wunschtraumszenarien, die im Kontext des siebenten Kapitels vorgestellt wurden, die Deutschen ad hoc ein Babywunder herbeizaubern würden, es bedarf letztlich mindestens zwanzig Jahre, bis diese geburtenstarken Jahrgänge in das Arbeitsleben eintreten können. Hinzu kommt noch, dass die Zahl der erfahrenen Berufstätigen zurückgehen wird, zumal diese Schritt für Schritt in das Rentenalter gelangen. Die Konsequenz aus diesen Überlegungen klingt so einfach wie das sich dahinter verbergende Problem gewaltig ist: Eine

[102] Quelle: Informationsdienst des Instituts der deutschen Wirtschaft, Nr. 39, 25. Sept. 2003

größere Zahl älterer Personen wird wohl oder übel länger arbeiten müssen, womit man zwangsläufig ein weiteres Problem berührt hat: die Finanzierbarkeit der Renten und Pensionen.

Renten und Pensionen. Während dem Arbeitsmarkt eine zunehmend geringere Anzahl von Arbeitskräften zur Verfügung stehen wird, ist dies bei den zukünftigen Senioren in Gestalt von Rentnern und Pensionären genau umgekehrt: Bedingt dadurch, dass ab 2020 die geburtenstarken Jahrgänge der „Babyboomer" in das Seniorenalter aufrücken, steigt nicht nur die Anzahl, sondern auch der Anteil der Senioren an der Gesamtbevölkerung. Betrachtet man einmal nur den Altersaufbau für das Jahr 2030, selbst wenn er nur hypothetischer Natur ist, so offenbart diese einfache Grafik mehr, als es viele wohlgesetzte Worte und aufgelistete Zahlen zu leisten vermögen: Ein zusehends schrumpfender Kreis von Beitrags- und Steuerzahlern wird für vergleichsweise immer mehr Menschen im Renten- und Pensionsalter die materiellen Grundlagen erwirtschaften müssen.

Abbildung 8-20: Pensionslawine[103]

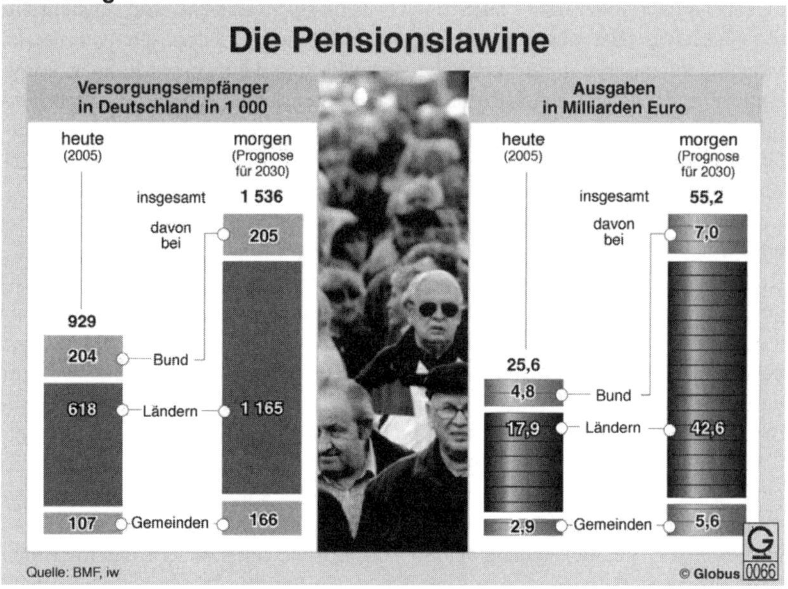

Obwohl sich die Grafik innerhalb der Abbildung 8-20 nur auf die Beamten im Pensionsalter bezieht, ist sie hinsichtlich der plakativen Darstellungen und Größenrelationen dennoch geeignet, nicht nur das Problem der sogenannten Pensi-

[103] Quelle: Globus Infografik GmbH Hamburg, Grafiknummer: 0066/2006

onslawine, sondern auch das Problem der sogenannten Rentenlawine zu verdeutlichen, die beide in den kommenden drei Jahrzehnten auf die Pensions- und die Rentenkassen zurollen werden. Gemäß dem Status-quo-Szenario 2030 innerhalb der Abbildung 7-3 und der Tabelle 8-1 müssten im Jahr 2030 erwartungsgemäß 100 Erwerbsfähige bereits für 42 Senioren die Existenzgrundlagen schaffen. Die Inhaltsschwere dieser Relation erfährt noch eine Erhöhung, wenn man die hypothetische Anzahl der erwerbsfähigen Personen durch die hypothetische Anzahl der erwerbstätigen Personen ersetzt: Dann würden bei Annahme einer Erwerbslosenquote von 5 % wegen $[72{,}7 \cdot 0{,}261/(72{,}7 \cdot 0{,}618 \cdot 0{,}95)] \cdot 100 \approx 45$ erwartungsgemäß 100 Erwerbstätige für 45 Senioren aufkommen müssen. Selbst wenn der Anteil der Kinder aufgrund der bereits skizzierten Tendenz zur Kinderlosigkeit immer kleiner wird, ist das stete Füllen der Renten- und Pensionskassen noch eine riesige gesellschaftliche Aufgabe. Will man die Rentenbeitragssätze nicht erhöhen, um wenigstens das Rentenniveau halten zu können, wird man entweder das Rentenniveau senken und/oder das Renteneintrittsalter erhöhen müssen. Analoge Aussagen gelten dann auch für das Pensionsniveau und das Pensionseintrittsalter. Was aber würde geschehen, wenn die vielen kinderlosen, unterdessen zwar ergrauten, aber immer noch dynamischen und demokratieerprobten Babyboomer in das langersehnte Renten- bzw. Pensionsalter eintreten und mehrheitlich auf den Status quo pochen, der da heißt: Keine Verlängerung der Lebensarbeitszeit, weiterhin Rente mit 65, keine Renten- und Pensionskürzungen, zumindest an die Preisteuerungsrate angepasste Renten- und Pensionserhöhungen?

Gerontokratie. Das daraus entlehnte düstere und gespenstige Szenario von einer weitgehend kinderlosen Gerontokratie, die mit Beginn der zwanziger Jahre Deutschland fest im Griff haben könnte und Migranten sowie junge Erwerbstätige gleichermaßen egoistisch ausbeutet, um sich ihre erwartungsgemäß mehr als zwei Jahrzehnte dauernde Freizeit finanzieren zu lassen, ist auch hinreichend bekannt.[104] Eine logische Folge dieser zwar hypothetischen, aber keineswegs unrealistischen Herrschaft der Alten über die Jungen und über die Migranten wären rasant steigende Sozialausgaben, welche bei einem mehr oder weniger gleichen Beitrags- und Steueraufkommen zwangsläufig die lebensnotwendigen Budgets für Kinderbetreuung und -erziehung, für Bildung und für Wissenschaft austrocknen ließen. Dass das Gespenst von der Gerontokratie, das in Deutschland umhergeistern könnte, keineswegs so abwegig ist, untermauern die folgenden Überlegungen, die wiederum auf den Daten der Status-quo-Szenarien innerhalb der Abbildungen 7-1 und 7-4 basieren: Demnach würde das Gerontokratie- Wäh-

[104] vgl. SINN, Hans-Werner und Silke ÜBELMESSER: Wann kippt Deutschland um?, in: ifo Schnelldienst 28-29/200, 53. Jahrgang, Seite 20 ff bzw. VAUPEL, James W.: Deutlands größte Herausforderung – Wider die demographische Ignoranz, in: Frankfurter Allgemeine Zeitung, Nummer 84, 8. April 2004, Seite 41

lerpotential, das der Einfachheit halber einmal nur alle Personen, die älter als 65 Jahre sind, umfassen soll, im Jahr 2010 von $81{,}4 \cdot 0{,}199 \approx 16$ Millionen Personen auf $66{,}8 \cdot 0{,}284 \approx 19$ Millionen Personen im Jahr 2040 anwachsen. Gemessen am gesamten Heer potentieller Wähler[105] würde der Anteil dieses gerontokratischen Wählerpotentials von $[16/(54 - 3 + 16)] \cdot 100\ \% \approx 24\ \%$ im Jahr 2010 auf $[19/(40 - 2 + 19)] \cdot 100\ \% \approx 33\ \%$ im Jahr 2040 anwachsen. Unterstellt man der Einfachheit halber (in Anlehnung an die letzten Wahlen zum Bundestag im Jahr 2005) einmal eine mäßige Wahlbeteiligung von nur 50 % bei den nichtgerontokratischen Wählern und eine hohe Wahlbeteiligung von 90 % bei den gerontokratischen Wählern, dann könnte die gerontokratische Partei im Jahr 2010 erwartungsgemäß mit einem aus heutiger Sicht beachtlichen Wahlergebnis von $[16 \cdot 0{,}9/(51 \cdot 0{,}5 + 16 \cdot 0{,}9)] \cdot 100\ \% \approx 36\ \%$ und im Jahr 2040 bereits mit einem nahezu traumhaften Wahlergebnis von $[19 \cdot 0{,}9/(38 \cdot 0{,}5 + 19 \cdot 0{,}9)] \cdot 100\ \% \approx 47\ \%$ rechnen. Die Wahlbeteiligung läge dabei im Jahr 2010 bei $[(0{,}5 \cdot 51 + 0{,}9 \cdot 16)/(51 + 16)] \cdot 100\ \% \approx 60\ \%$ und im Jahr 2040 bei $[(0{,}5 \cdot 38 + 0{,}9 \cdot 19)/(38 + 19)] \cdot 100\ \% \approx 63\ \%$. Gleichwohl diese demoskopischen Betrachtungen hypothetischen und spekulativen Charakters sind, würden solche Wahlergebnisse so manchem Generalsekretär und Parteivorsitzenden das Herz höher schlagen lassen.

Das Vierte Alter. Doch was des Einen Freud, ist des Anderen Leid, pflegt der Volksmund zu sagen und meint damit nichts anderes als die Licht- und die Schattenseite menschlichen Daseins. Zu den paradiesisch hellen Seiten menschlichen Daseins zählt zweifelsfrei die höhere und vermutlich immer noch weiter steigende Lebenserwartung, die es ermöglicht, nicht nur von den drei traditionellen Altersperioden, Kindheit, Erwerbs- und Seniorenalter, sondern von vier Altersperioden auszugehen, wobei das Seniorenalter nochmals in ein sogenanntes Drittes Alter und in ein Viertes Alter zweigeteilt wird.[106] Sowohl die Gerontologen als auch die sich Schritt für Schritt vom Jugendwahn befreiende Werbebranche hantieren dabei noch etwas unbeholfen mit solchen Wortschöpfungen wie „Best Agers", „Kukidents" oder „Whoopies", um einen geeigneten Begriff vor allem für die finanzkräftigen und grauhaarigen Dynamiker des Dritten Alters zu finden, die zusehends die heile und farbige Welt der Werbung erobern.[107] Im Gegensatz zum Dritten Alter, das für viele vitale Menschen Aufbruchstimmung

[105] Die Anzahl der potentiellen Wähler wurde im konkreten Fall wie folgt berechnet: Arbeitsfähige Bevölkerung im Alter von 15 bis 65 Jahren minus Anzahl der Personen im Alter von 15 bis unter 18 Jahren plus Anzahl der Personen, die älter als 65 Jahre waren.

[106] vgl. BALTES, Paul B.: Oma muss ran. Mit 50 an die Uni. Mit 70 einen neuen Job. Was so radikal klingt, löst nur einen Teil des Problems: Deutschland fehlen die Kinder und ihre Ideen. Im Wettbewerb droht uns eine Niederlage, in: DIE ZEIT, Nr. 21, 19. Mai 2005, Seite 44 ff

[107] vgl. NIEJAHR, Elisabeth: Wenn die Alten jünger werden. 60-Jährige beim Rockkonzert, grauhaarige Dynamiker als Werbeträger, Trendwende in den Personalbteilungen: Der Jugendwahn ist vorbei, in: DIE ZEIT, Nummer 39, 16. September 2004, Seite 3

verheißt, die durch Lebenserfahrung, Ausdauer, Besonnenheit sowie durch emotionale und soziale Intelligenz getragen wird, sind mit dem Vierten Alter wenig gute Nachrichten verbunden. Mit dem Vierten Alter, das keineswegs hinsichtlich seines Zeithorizonts fixiert ist und aus heutiger Sicht für westliche Industrienationen im Durchschnitt mit dem 85. Lebensjahr beginnt, geraten körperliche und physische Funktionen immer mehr aus dem Tritt. Die Konsequenzen sind auch hier bereits abseh- und prognostizierbar: In Deutschland wird es nicht nur immer mehr ältere, sondern vor allem immer mehr pflegebedürftige ältere Menschen geben, für die sich naturgegeben die Schere von Lebenslänge und Lebensqualität eher weiter öffnen als schließen wird.

Abbildung 8-21: Anzahl pflegebedürftige Menschen in Deutschland[108]

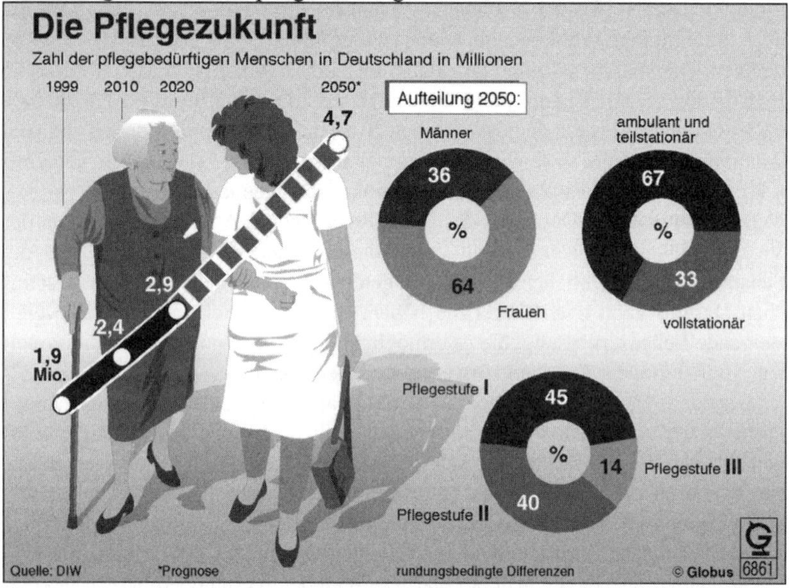

Gemäß der Grafik innerhalb der Abbildung 8-21, die auf einer Prognose des Deutschen Instituts für Wirtschaftsforschung beruht, wird sich im Jahr 2050 im Vergleich zum Jahr 2000 die Anzahl pflegebedürftiger Menschen, die sich mehrheitlich in ihrem „Vierten Alter“ befinden werden, auf nahezu fünf Millionen Personen mehr als verdoppeln, worunter aufgrund der höheren Lebenserwartung erwartungsgemäß fast zwei Drittel Frauen sein werden. Wer aber soll diese bedürftigen und kranken Menschen in ihrem hohen Alter pflegen? Vermutlich wer-

[108] Quelle: Globus Infografik GmbH Hamburg, Grafiknummer: 6861/2001

den es in den wenigsten Fällen ihre eigenen Kinder und Kindeskinder sein, zumal die heute 20- bis 60-Jährigen zu wenige Kinder bekommen bzw. bekommen haben. Die Alten- und Krankenpflege wird spätestens ab 2020 in der Deutschen Gerontokratischen Republik ein boomender und für Jahrzehnte krisenfester Wirtschaftszweig mit vielen neugeschaffenen Arbeitsplätzen werden. Dies wird aber dann und nur dann so sein, wenn die damit verbundenen und sich bereits heute als gigantisch abzeichnenden Pflegeleistungen auch materiell und finanziell abgedeckt sind. Wenn der einzelne pflegebedürftige Mensch, gleich aus welchen Gründen auch immer, die für ihn und an ihm erbrachten Pflegeleistungen nicht bezahlen kann, wird gemäß dem Grundgesetz, wonach die Würde eines Menschen unantastbar ist, gezwungener Maßen die Gesellschaft dafür aufkommen müssen. Altersarmut zum einen und eine erhöhte Abgabenlast für die Erwerbstätigen zum anderen werden eine zwangsläufige Folge dieser demografischen Entwicklung sein, wenn die sozialen Sicherungssysteme, so wie sie heute bestehen, nicht auf den Prüfstand gestellt und umgebaut werden. Die Rentner von morgen werden deutlich länger in die Rentenkasse einzahlen müssen, um eine Absicherung auf dem heutigen Sozialhilfeniveau zu erhalten.[109] Da man heutzutage mit Gewissheit schon vorhersagen kann, wie viele Personen es in den nächsten fünf Jahrzehnten im Seniorenalter geben wird, ist man zum Beispiel gut beraten, Aktien der Spielzeugindustrie, sofern sie kein Spielzeug für Alte herstellt, abzustoßen und dafür Aktien der Windelindustrie zu erwerben, die bereits heute ihr Produktionssortiment aufgrund wachsender Nachfrage einfach von Baby-Windeln auf Inkontinenz-Windeln für Senioren umstellt.[110]

Generationenvertrag. Zudem ist heutzutage schon gewiss, dass aufgrund des Geburtendefizits in Deutschland eine zwar nicht im juristischen Sinne verbriefte, wohl aber im gesellschaftlichen Sinne allgemein anerkannte Regelung ins Wanken gerät - der sogenannte Generationenvertrag, der inhaltlich wie folgt kurz umrissen werden kann: Ganz gleich, ob Renten gezahlt oder finanzielle Leistungen erbracht werden oder ob Kinder erzogen und ausgebildet werden, stets muss die Erwerbsbevölkerung dafür aufkommen. Demnach leben Rentner und Pensionäre nicht von dem, was sie erspart oder in Aktien angelegt haben, sondern von dem, was die Erwerbstätigen materiell geschaffen haben. Wenn potentielle Erwerbstätige dem Spaß frönen und nichts leisten, wird nichts erzeugt. Auch gehortetes Gold oder Wohneigentum oder Betriebsvermögen hat keinen Wert an sich, wenn

[109] vgl. HAMANN, G. und E. NIEJAHR: Arme Rentner – anno 2020. Nie war die Altersarmut so gering wie heute. Das ändert sich, wenn die Pläne der Rürup-Kommision wahr werden., in: Die Zeit, Nummer 36, 29. August 2003, Seite 19

[110] vgl. LEO, Maxim: Die Demografie des Wickelns. Deutschland vergreist und die Politik ist ratlos. Die Industrie stellt einfach um – von Baby- auf Seniorenwindeln, in: Berliner Zeitung, Nummer 157, 8. Juli 2004, Seite 3

es die Erwerbstätigen nicht begehren und dafür bezahlen. Senioren erhalten aus diesem Grunde kein Almosen. Vielmehr gibt die Generation der Erwerbstätigen an die Generation der Senioren das zurück, was in sie als Kinder- und Jugendgeneration investiert wurde. Mit der gleichzeitigen Erziehung einer Kinder- und Jugendgeneration erwirbt sich eine Erwerbsgeneration ein Anrecht auf spätere Alimentation.[111] Dass der Motor dieses scheinbar trivialen Umlageverfahrens in Deutschland spätestens ab dem zweiten Jahrzehnt des 21. Jahrhunderts mächtig ins Stottern geraten wird, verdeutlicht die Abbildung 8-22, in welcher der reale Altersaufbau im Jahr 2003 und der hypothetische Altersaufbau gemäß dem Status-quo-Szenario 2030, das im siebenten Kapitel skizziert wurde, zu Vergleichszwecken gegenübergestellt wurden.

Abbildung 8-22: Altersaufbau der deutschen Bevölkerung 2003 und 2030

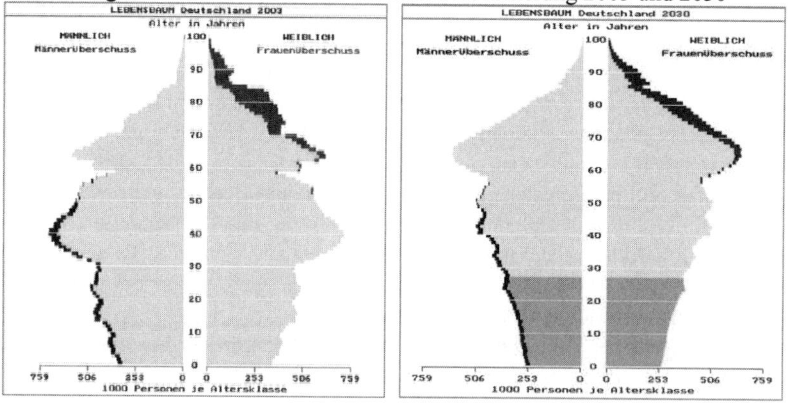

Im Blickwinkel einer bildhaften Deutung des Generationenvertrages symbolisieren die „breiten Hüften" des 2003er Lebensbaumes die 30- bis 50-Jährigen, die offensichtlich den Hauptteil der Erwerbsbevölkerung ausmachen. Dieser „breithüftigen" Erwerbsgeneration steht eingangs des 21. Jahrhunderts eine „kräftige" Seniorengeneration und eine „schlanke" Kindergeneration gegenüber. Die heutige Seniorengeneration braucht im Sinne des Generationenvertrages noch keine Zukunftsängste zu haben, zumal die „breithüftige" Erwerbsgeneration noch in der Lage ist, sowohl für die „kräftige" Senioren- als auch für die „schlankere" Kindergeneration materiell und finanziell zu sorgen. Augenscheinlich völ-

[111] vgl. JAENICKE, Ruprecht: A-H-O-V-X. In der Diskussion über die Zukunft des Sozialstaates spielen Annahmen über die Bevölkerungsentwicklung eine große, ja entscheidende Rolle. Doch nicht alles, was als Ideal oder als Allheilmittel erscheint, taugt dazu. Ist es sinnvoll, die Bevölkerung wieder zum Wachstum durch Geburten anzuregen?, in: Frankfurter Allgemeine Zeitung, Nummer 62, 15. März 2005, Seite 10

lig anders sieht die Situation im Jahr 2030 aus: Eine unterdessen „abgemagerte“ Erwerbsgeneration müsste nunmehr eine „breithüftige“ Seniorengeneration „schultern“. Selbst wenn die „breithüftige“ Seniorengeneration nur einer „schmalwüchsigen“ Kindergeneration gegenübersteht, wird anhand dieses einfachen geschlechtsspezifischen Altershistogramms für das Jahr 2030 augenscheinlich, dass die geburtenschwachen Jahrgänge der letzten vierzig Jahre die zukünftigen Träger der „demografischen Alterslast“ sein werden.

Abbildung 8-23: Wunschtraum-Szenario 2030

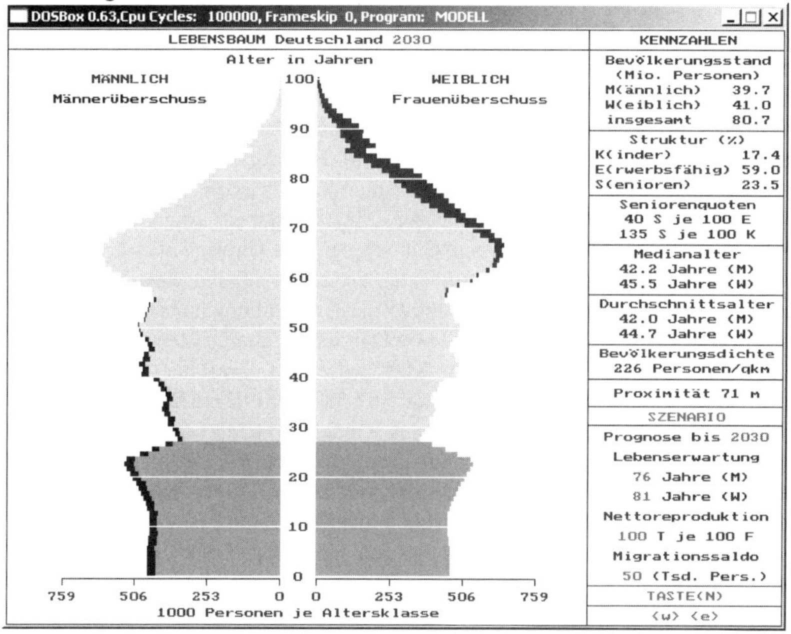

Dass aus diesem deformierten und aus allen Fugen geratenen Generationenvertrag für die heutige Kindergeneration und für die geburtenschwachen Jahrgänge der vergangenen vierzig Jahre eine schmerzhafte Zwickmühle werden könnte, verdeutlicht die Abbildung 8-23, in der analog zu den sogenannten Wunschtraum-Szenarien, die im Kontext des siebenten Kapitels skizziert wurden, das Wunschtraum-Szenario für das Jahr 2030 dargestellt ist. Die sichtbare „Taille“, welche nahezu zwei „ausgefallene“ Generationen in den Lebensbaum der deutschen Bevölkerung bereits „geschnürt“ haben, hätte zwangsläufig zur Folge, dass die künftige Erwerbsgeneration eine gigantische Last zu tragen hätte, zumal sie viele Alte und viele Junge gleichzeitig unterhalten müsste. Allein im Verlaufe des 20. Jahrhunderts hat Deutschland zweimal eine vergleichbare Situation erleben und teuer bezahlen müssen, indem beide Weltkriege jeweils tiefe Kerben in den Lebensbaum schlugen, welche die Überlebenden bitter zu spüren bekamen. In der Bevölkerungsprojektion innerhalb der Abbildung 8-23 ist die Situation allerdings noch drastischer: Hier sind nicht nur jeweils fünf Geburtsjahrgänge in Folge „eingeknickt" bzw. ausgeblieben und jeweils eine ganze Männergeneration dezimiert worden, hier sind nahezu zwei Generationen gar nicht erst geboren worden, die das Heer der Erwerbsbevölkerung hätten „auffüllen" können und müssen. Der bereits vierzig Jahre andauernde demografische Aderlass in Gestalt der tendenziellen Kinderlosigkeit erhält in diesem Blickwinkel eher albtraumhafte als wunschtraumhafte Züge. Arme Germania.

Resümee. Allein die Bevölkerungsprojektion innerhalb der Abbildung 8-23 verdeutlicht augenscheinlich die Zwickmühle, in welcher die deutsche Gesellschaft in den kommenden Jahren stecken wird. Ein paar Millionen weniger Deutsche, die im zukünftigen Schrumpfgermanien leben werden, müssen noch lange keine Katastrophe sein.[112] Mehr Luft zum Atmen und mehr Raum und Ruhe zum Leben, warum nicht? Selbst wenn sich Schulen und Universitäten in naher Zukunft auf weniger Schüler und Studenten einstellen müssen, kann das im Hinblick auf individuellere Förderung und Wissensvermittlung nur qualitätsfördernd sein. Nicht so verheißend sind die Aussichten für die älteren Menschen vor allem in ihrem „Vierten Alter", in dem die Kluft zwischen Lebensalter und Lebensqualität immer breiter wird. Krankenhäuser, Alters- und Pflegeheime werden dagegen Konjunktur haben, da es nicht genug Kinder und Kindeskinder gibt, die ihre Eltern und Großeltern pflegen könnten, weil letztere selbst keine oder zu wenige Kinder hatten. Das Virus der Kinderlosigkeit, das in Deutschland seit mehr als vier Jahrzehnten wütet, hat offensichtlich nicht nur den Generationenvertrag aus seinen stabilisierenden Angeln gehoben und das Gespenst der Deutschen Gerontokratischen Republik heraufbeschworen, in der die Alten nicht nur über die Jungen herrschen. Es projiziert vor unser aller Augen auch die trübsinnige Vision, wonach die Deutschen in Zukunft wohl öfter zu Beerdigungen gehen werden als zu Hochzeiten. Diese pessimistisch anmutenden Visionen können eine triste und düstere Realität werden, müssen aber nicht. Prognostische Zurückhaltung ist auch hier angesagt. Was man allerdings mit Gewissheit vorhersagen kann, ist, dass nicht alles so bleiben wird, wie es heute ist.[113] ♣

[112] vgl. AFHELDT, Heik: 65 Millionen reichen auch. Besser leben in Schrumpfgermanien? Wenn die Einwohnerzahl zurückgeht, ist das keine Katastrophe, in: DIE ZEIT, Nummer 21, 17. Mai 2001, Seite 26

[113] vgl. KAUBE, Jürgen: Nur ein Prognosefehler kann uns noch retten, in: Frankfurter Allgemeine Zeitung, Nummer 280, 2. Dezember 2003, Seite L 18

Die Fünfzig-fünfzig-Gesellschaft

Migrationsszenario. Betrachtet man einmal nur die Status-quo-Szenarien, die im Rahmen des siebenten Kapitels skizziert und kommentiert wurden, so kann man anhand der hypothetischen Bevölkerungsprojektionen zahlenmäßig leicht nachvollziehen, dass bei einem jährlichen Migrationssaldo von 100000 Personen, also bei jährlich 100000 insgesamt mehr immigrierten als emigrierten Personen, der Bevölkerungsschwund nicht aufgehalten, sondern bestenfalls nur gedämpft werden kann. Gemäß dem Szenario 2030 innerhalb der Abbildung 7-3 würden zum Beispiel im Vergleich zum Basisjahr 2003 im Prognosejahr 2030 insgesamt $(2030 - 2003 - 1)\cdot 100000 = 2600000$ Personen bzw. 2,6 Millionen Personen mehr ein- als auswandern. In Anlehnung an die Abbildung 5-2 würde demnach die ausländische Bevölkerung in Deutschland absolut von 7,3 Millionen Personen im Jahr 2003 wegen $7{,}3 + 2{,}6 = 9{,}9$ auf nahezu 10 Millionen Ausländer im Jahr 2030 und relativ von $(7{,}3/82{,}5)\cdot 100\ \% \approx 8{,}9\ \%$ im Jahr 2003 auf $(9{,}9/72{,}7)\cdot 100\ \% \approx 13{,}6\ \%$ im Jahr 2030 wachsen. Dass eine massenhafte Zuwanderung zum alleinigen Zwecke der Stabilisierung des Bevölkerungsstands nicht nur illusorisch anmutet, sondern auch illusorisch ist, soll das Migrationsszenario 2030 verdeutlichen, dass in der Abbildung 8-24 bildhaft und zahlenmäßig zusammengefasst ist. Das Migrationsszenario 2030 liefert unter Beachtung der vereinbarten Prämissen das folgende Ergebnis: Bei Unterstellung unveränderlicher Mortalitätsbedingungen in Gestalt der mittleren fernen Lebenserwartung von 76 Jahren für einen lebendgeborenen Knaben und von 81 Jahren für ein lebendgeborenes Mädchen sowie einer geringfügig erhöhten Nettoreproduktionsrate von 80 lebendgeborenen Töchtern je 100 Frauen im fertilen Alter wäre ein Jahr für Jahr unveränderlicher und astronomisch anmutender Migrationssaldo von 300000 Personen erforderlich, um im Jahr 2030 von einem gleichen Bevölkerungsstand in Höhe von 82,5 Millionen Personen ausgehen zu können wie im Basisjahr 2003. Im Kontext dieses Szenarios wird davon ausgegangen, dass im Unterschied zu den zeugungs- und gebärfaulen Deutschen die Migranten ein anderes Reproduktionsverhalten zeigen, dass durch eine höhere Geburtlichkeit getragen wird, die letztlich dazu führt, dass die Nettoreproduktionsrate für Deutschland insgesamt auf 0,8 Töchter je Frau im fertilen Alter und damit die Geburtenrate auf 1,6 Kinder je Frau im fertilen Alter ansteigt. Die Erwerbsbevölkerung, die aufgrund des sogenannten und im Kontext des sechsten Kapitels skizzierten Immigrationseffekts hinsichtlich ihres Umfangs regelrecht „aufgebläht“ erscheint, sowie die „kräftigere“ Kindergeneration würden auf einem ersten Blick eine optimistisch anmutende Bevölkerungsprojektion für das Jahr 2030 darstellen. Doch beim genaueren Hinschauen offenbaren sich Problemfelder, die einer kritischen Betrachtung bedürfen. Gemäß dem Migrationsszenario 2030 würden im Vergleich zum Basisjahr 2003 im Jahr 2030 insgesamt (2030 – 2003 – 1)· 300000 = 7800000 Personen bzw. 7,8 Millionen Personen mehr ein- als auswandern. Im Vergleich zum Basisjahr 2003 würde demnach die ausländische Bevölkerung Deutschlands im Jahr 2030 absolut auf 7,3 + 7,8 = 15,1 Millionen Personen und relativ bzw. prozentual auf (15,1/82,4)·100 % ≈ 18,3 % wachsen.

Abbildung 8-24: Migrationsszenario 2030

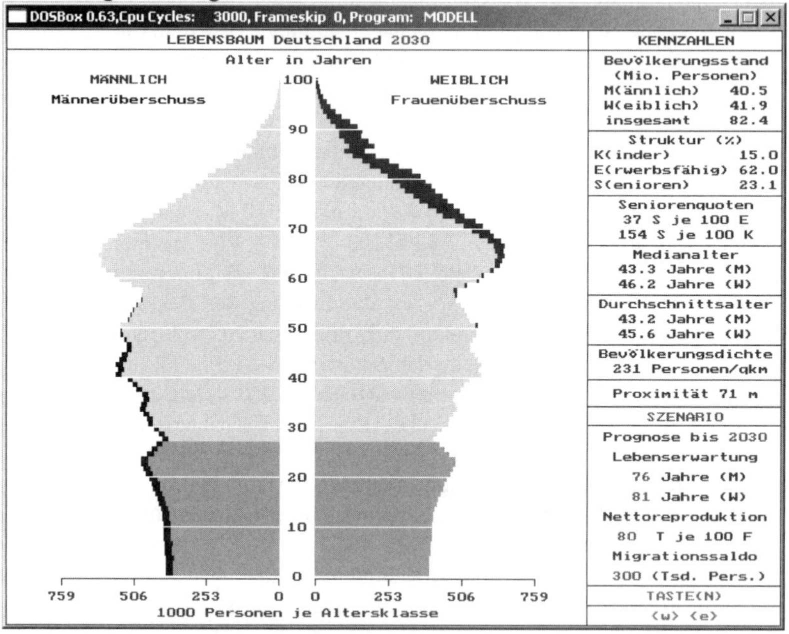

Doch woher sollen diese vielen Migranten kommen? Ist die deutsche Gesellschaft von heute sozial, mental und wirtschaftlich stark genug, um die Integrationslasten tragen und die Integrationsprobleme bewältigen zu können, die stets als die Kehrseite der Migration erst in Erscheinung treten? Vermutlich nicht. Zudem ist es fraglich, ob es überhaupt gelingt, im globalen Wettbewerb so viele junge und qualifizierte Menschen ins Land zu locken. Abgesehen von der Türkei haben gemäß der Abbildungen 5-2 und 8-12 alle Länder, aus denen traditionell die meisten Migranten stammen, selbst geringe Geburtenraten, die zum Teil noch unter dem derzeitigen deutschen Niveau liegen. Allein die Italiener, die gegenwärtig in Deutschland nach den Türken die zweitstärkste Ausländergruppe darstellen, sind als Nation genauso zeugungs- und gebärfaul wie die Deutschen. Bei den osteuropäischen Ländern ist die Situation noch prekärer.

Interne Migration. Doch warum in die Ferne schweifen, wenn das Missliche liegt so nah? Bereits in Germanias Albtraum von den entvölkerten Landstrichen wurde vermerkt, dass vor allem die neuen Bundesländer im Zuge der Binnenwanderung von Ost nach West derart zur Ader gelassen werden, dass sie in der Gefahr stehen, aus demografischer Sicht langsam auszubluten und daher wirtschaftlich nur schwer auf den eigenen Füßen stehen können. Da die interne Migration aufgrund der prekären Arbeitsmarktsituation in Ostdeutschland vor allem durch jüngere Menschen getragen wird, hat dieser Umstand zweifelsfrei auch seine partiellen und temporären Auswirkungen auf die Reproduktionsfähigkeit der Bevölkerung in den neuen Bundesländern und damit auf Deutschland insgesamt. BIRG bezeichnet diese Schattenseite der externen Migration vor allem von Osteuropa nach Deutschland einerseits und der internen Migration von Ost- nach Westdeutschland andererseits als „demografischen Kolonialismus“.[114]

Abbildung 8-25: Innerdeutscher Migrationssaldo[115]

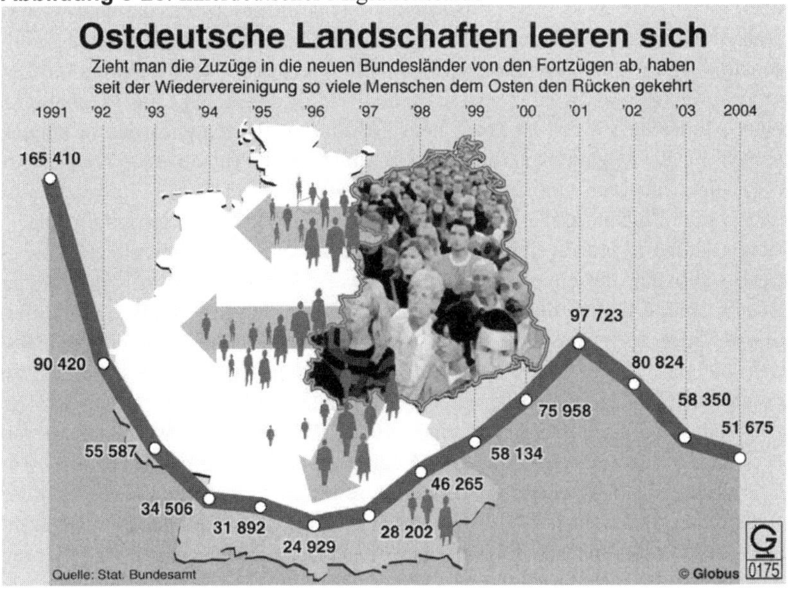

Die Grafik innerhalb der Abbildung 8-25 beschreibt das aktuelle innerdeutsche Migrationsproblem anhand des Migrationssaldos, der im konkreten Fall abweichend von der amtlichen Berechnungsvorschrift als Differenz aus der Anzahl der

[114] vgl. Berliner Zeitung, Nummer 54, 4./5. März 2006, Seite 8, „Es wird ungemütlicher in diesem Land“, Interview mit Herwig BIRG in der Beitragsreihe „Volk mit Falten“

[115] Quelle: Globus Infografik GmbH Hamburg, Grafiknummer: 0175/2005

Fortzüge und der Anzahl der Zuzüge berechnet und in seiner zeitlichen Entwicklung grafisch dargestellt wurde. Demnach sind zum Beispiel im Jahr 2004 insgesamt 51675 Personen mehr aus den neuen in die alten Bundesländer ab- als zugewandert. Dies entspricht gemäß der amtlichen Berechnungsvorschrift einem negativen Migrationssaldo von –51675 Personen. Die Daten in ihrer Summation allein sprechen schon für sich: In den vergangenen 13 Jahren sind nahezu 900000 Menschen mehr in die alten Bundesländer abgewandert als in die neuen Bundesländer zugewandert. Was für die innerdeutsche Migration gilt, ist analog auch für die externe Migration gültig: Die Migration wird in Zukunft anders verlaufen als bisher, zumal der Wettbewerb um junge und qualifizierte Menschen weltweit zunimmt. Vor allem wird es weiterhin Zuzug aus armen Ländern geben, zumal die Lebensbedingungen im fremden Deutschland in der Regel immer noch tausend mal besser sind, als im jeweiligen Herkunftsland.

Integrationsproblem. Die Folge dieser Form von Einwanderung bedeutet jedoch meist hohe Kosten für Integration.[116] Was in diesem Zusammenhang wie eine Binsenweisheit klingen mag, ist allerdings heute mehr denn je von gesellschaftlicher Brisanz: Die innere Kehrseite von Migration heißt Integration. Migration und Integration gehören zusammen wie die Zahl- und die Wappenseite einer Münze. Auch das ist keine neue Erkenntnis: Migrationsprozesse können sowohl für die Migranten als auch für die einheimische Bevölkerung mit erheblichen Identifikations- und Mentalitätsproblemen behaftet sein.[117] Integration ist dabei keine Einbahnstraße, in der nur die Eingewanderten eine einseitige Anpassungsleistung zu erbringen haben. Integration ist vergleichbar mit einer zweispurigen Fahrbahn, die einen regen Geschäftsverkehr ermöglicht, der nach festen Regeln abläuft und an dem beide Seiten gleichermaßen gewinnbringend partizipieren. Doch auch dies ist letztlich nur graue Theorie. Welche Farbe ist eigentlich geeignet, die deutsche Migrations- und Integrationsrealität allegorisch zu beschreiben? Wird Deutschland noch sein blaues Wunder erleben oder wird es zu einem roten Tuch oder gar zu einer grünen Kuschelwiese? Das Hantieren mit der allegorischen oder politischen Farbenleere ist auch hier wenig hilfreich. Zur Erleuchtung des Migrations- und Integrationsproblems tragen da schon eher die statistischen Daten innerhalb der Abbildung 5-2 bei. Demnach lebten in Deutschland im Jahr 2003 nahezu 7,3 Millionen Ausländer in Deutschland, worunter die Ausländer türkischer Nationalität mit nahezu 1,9 Millionen Personen die am

---

[116] vgl. NIEJAHR, Elisabeth: Mehr Wohlstand für alle. Die Deutschen werden weniger. Das ist kein Grund zur Panik, sondern auch eine Chance, in: DIE ZEIT, Nummer 43, 14. Oktober 2004, Seite 23 ff

[117] vgl. BADE, Klaus J.: Seid nicht zu euphorisch. Auch wachsende Zuwanderung wird die deutsche Gesellschaft nicht von ihrem Reformzwang befreien – 15 Thesen, in: Die Zeit, Nummer 19, 3. Mai 2001, Seite 18 ff

stärksten vertretene Nationalität waren. Schätzungsweise 3,2 Millionen Muslime leben derzeit in Deutschland. Sie bilden längst die drittgrößte Religionsgemeinschaft. Für die Zukunft der deutschen Gesellschaft scheinen vor allem aber die Zahlen von Bedeutung zu sein, die in der Abbildung 8-26 zusammengefasst sind und die auf den Ergebnissen der PISA-Studie aus dem Jahr 2005 beruhen.[118] Im Jahr 2005 lag allein bei der Altersgruppe der 15-jährigen Schülerinnen und Schüler der Anteil der Schüler mit einem Migrationshintergrund deutschlandweit bei 22 %. In den Stadtstaaten Bremen und Hamburg liegt der Anteil bereits bei etwa 35 %. Schon jetzt haben nahezu 40 % aller Schüler in Westdeutschland einen Migrationshintergrund.

Abbildung 8-26: Migrationshintergrund

Fifty-fifty-Gesellschaft. Die Prognose, dass in zwanzig Jahren die deutsche Gesellschaft eine Fifty-fifty-Gesellschaft sein wird, die zu gleichen Teilen aus Menschen ohne und mit Migrationshintergrund besteht, ist alles andere als aus der Luft gegriffen. In diesem Blickwinkel ist das Bild von einer deutschen Mehrheit und einer Minderheit von Migranten schlicht und einfach anachronistisch.[119] Wer an diesem gesellschaftstragenden Ast sägt, spielt leichtfertig mit Deutschlands Zukunft. Und dennoch ist die deutsche Gesellschaft von heute noch weit vom grundgesetzlich fixierten Gleichheitsgrundsatz entfernt: Während knapp 60 % aller Jungendlichen aus Migrantenfamilien gerade einmal einen Hauptschulabschluss erreichen, sind es bei den deutschen Jugendlichen nur knapp 27 %. Ausgeprägte Disparitäten gibt es auch beim Realschulabschluss und beim Abitur zu verzeichnen, nur sind hier die Größenverhältnisse genau umgekehrt.[120]

[118] Quelle: Globus Infografik GmbH Hamburg, Grafiknummer: 0310/2005

[119] vgl. AKGÜN, Lale: Das Wir-Gefühl. Die Unterscheidung von Mehrheit und Minderheit ist anachronistisch. Wir brauchen ein neues gesellschaftliches Leitbild., in: DIE ZEIT, Nummer 8, 16. Februar 2006, Seite 48

[120] Quelle: DIE ZEIT, Nummer 42. 7. Oktober 2004, Seite 82

Resümee. Dass im Deutschland von heute die Integration von Migranten bislang wenig erfolgreich verlief, verdeutlichen letztlich auch die wenigen statistischen Angaben innerhalb der Abbildung 8-27.

Abbildung 8-27: Ausländer in Deutschland im Jahr 2004[121]

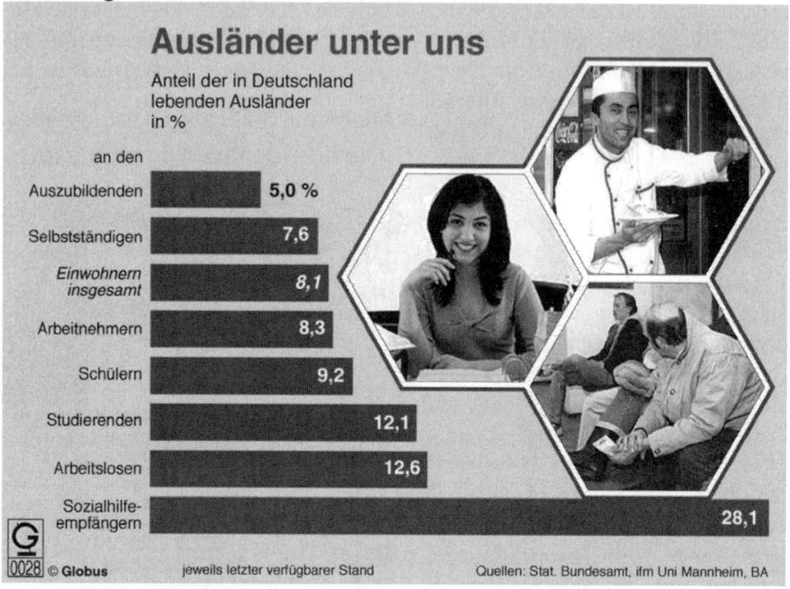

Obgleich die Ausländer im Jahr 2004 etwas mehr als 8 % der deutschen Bevölkerung ausmachten, war vor allem ihr Anteil an den Arbeitslosen mit 12 % und an den Sozialhilfeempfängern mit 28 % überproportional hoch. Diese Disparitäten sind noch gravierender in der Ausländergruppe der Türken, die bekanntlich die größte ausländische Population in Deutschland sind.[122] Dass der Anteil der Schüler und Studierenden über dem Anteil an der gesamten Bevölkerung liegt, erklärt sich einfach daraus, dass die Ausländer anteilmäßig mehr Kinder haben als die Deutschen. Besorgniserregend ist hingegen der unterproportionale Anteil der Auszubildenden von nur 5 %, der wiederum in einem unmittelbaren Zusammenhang mit dem hohen Anteil an Sozialhilfeempfängern zu sehen ist. Selbst wenn es resümierend wie eine Politiker-Worthülse klingen mag: Gelingt es in naher Zukunft nicht, die Migranten fest ist die deutsche Gesellschaft zu integrieren, wird es zwei Verlierer geben – die Deutschen und die Ausländer. ♣

[121] Quelle: Globus Infografik GmbH Hamburg, Grafiknummer: 0028/2005

[122] vgl. Di Lorenzo, Giovanni: Drinnen vor der Tür – Auch nach drei Generationen sind die Türken in Deutschland nicht angekommen, in: Die Zeit, Nummer 41, 30. September 2004

Die langsam aussterbenden Deutschen

Altersaufbau. Zu Vergleichszwecken ist in der Abbildung 8-28 für die deutsche Bevölkerung einerseits der reale Altersaufbau für das Jahr 2003 und andererseits der hypothetische Altersaufbau für das Jahr 2103 gemäß der Status-quo-Szenarien, die im siebenten Kapitel skizziert wurden, aneinandergereiht, um Germanias Albtraum von den langsam aussterbenden Deutschen bildhaft erfassen und allegorisch verdeutlichen zu können.[123]

Abbildung 8-28: Altersaufbau der deutschen Bevölkerung 2003 und 2103

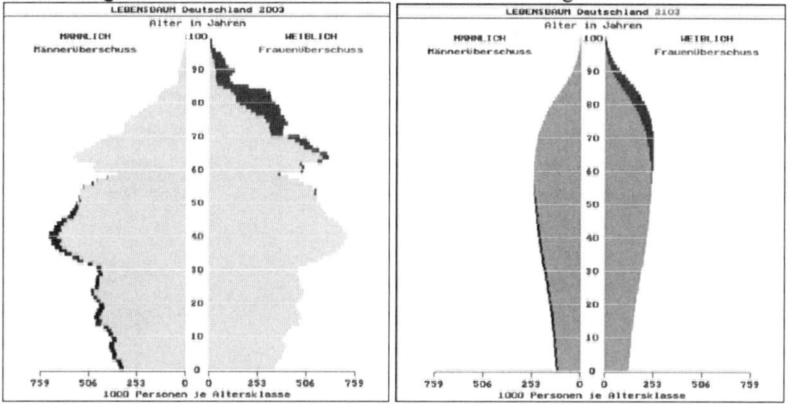

Schrumpfgermanien. Unter der Annahme, dass die heutigen Fertilitäts-, Mortalitäts- und Migrationsverhältnisse auch in hundert Jahren noch Gültigkeit hätten, würde in Germanias Albtraum die deutsche Bevölkerung von 82 Millionen Personen eingangs des 21. Jahrhunderts auf apokalyptische 35 Millionen Personen ausgangs des 21. Jahrhunderts schrumpfen. Dieser hypothetische Bevölkerungsstand entspräche in etwa dem gesamten Bevölkerungsstand der drei Bundesländer Baden-Württemberg, Nordrhein-Westfalen und Hessen im Jahr 2003. Würde man sich diese auf hypothetische 35 Millionen Personen geschrumpfte Bevölkerung proportional einmal nur auf die drei erwähnten Bundesländer verteilt denken, dann hätte dieses Gedankenspiel zur logischen Konsequenz, dass die restlichen dreizehn Bundesländer vollständig entvölkert und menschenleer wären. Der tröstende Hinweis darauf, dass zum Zeitpunkt der Reichsgründung 1871 auch

[123] Im Kontext dieser Betrachtungen sei nochmals ausdrücklich darauf verwiesen, dass die skizzierte Bevölkerungsprojektion in das Jahr 2103 aus bevölkerungsstatistischer und demografischer Sicht dann und nur dann geboten ist, wenn zum Beispiel das Phänomen des virtuellen Aussterbens einer Population demonstriert werden soll. Aus prognostischer Sicht ist diese Bevölkerungsprojektion nicht nur unseriös, sie ist streng genommen statistischer Unsinn.

nur knapp 41 Millionen Personen die deutschen Lande bevölkerten, mag zwar im ersten Augenblick gelten, auf einen zweiten Blick hin zeigt sich aber, dass sich die demografischen Gegebenheiten von damals und von heute genau in ihr Gegenteil verkehrt, also gleichsam „von den Füßen auf den Kopf" gestellt haben. Die Metapher von den Bevölkerungsbestands- und Reproduktionsverhältnissen, die im Jahrhundertvergleich in Deutschland „von den Füßen auf den Kopf" gestellt wurden, kann man sich anhand der komparativen Betrachtung der Abbildungen 8-28 und 8-29 verdeutlichen.

Abbildung 8-29: Altersaufbau der deutschen Bevölkerung im Jahr 1910

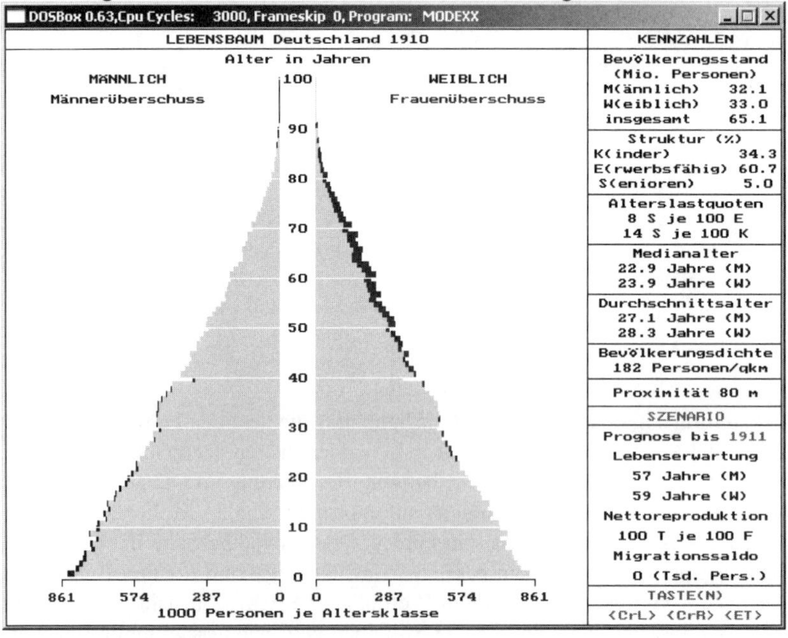

Alterspyramide. Der Altersaufbau der deutschen Bevölkerung im Jahre 1910, der in der Abbildung 8-29 dargestellt ist und aus historisch-logischer Sicht in seiner Form zweifelsfrei Ähnlichkeiten mit dem Altersaufbau zur Zeit der Reichsgründung besitzt, hat aufgrund der eingangs des 20. Jahrhunderts in Deutschland gültigen Reproduktionsverhältnisse augenscheinlich die Gestalt eines gleichschenkligen Dreiecks bzw. einer Pyramide und nicht, wie in der Abbildung 8-28 dargestellt, die Gestalt eines „sturmgeschädigten" Baumes bzw. einer Spindel (oder, wenn man es so deuten will, eines Suppositoriums). Während ein pyramidenförmiger Altersaufbau stets als ein Indiz dafür angesehen werden kann, dass sich eine Bevölkerung auf erweiterter Stufenleiter reproduziert, ist ein spindelförmiger Altersaufbau immer ein unmissverständliches und eindeutiges Anzeichen für eine auf lange Sicht langsam aussterbende Bevölkerung. Der in der Abbildung 8-29 skizzierte und pyramidenförmige Altersaufbau der deutschen Bevölkerung im Jahre 1910 ist nicht nur aus historischer, sondern vor allem auch aus bevölkerungsstatistischer Sicht von Interesse. Demnach lebten 1910 in Deutschland 65 Millionen Personen, die mit 32 Millionen männlichen und 33 Millionen weiblichen Personen nahezu paritätisch auf die Geschlechterdichotomie verteilt waren. Notierenswert ist dabei, dass sich 1910 mehr als ein Drittel der deutschen Bevölkerung im Kindesalter befand. Aus reproduktionstheoretischer Sicht erscheinen im Vergleich zu heute ein prozentualer Kinderanteil von 34,3 % und eine Seniorenquote von 14 Senioren je 100 Kinder als wunschtraumhafte bevölkerungsstatistische Indikatoren. Aus humanistischer Sicht jedoch ist dieser pyramidenförmige Altersaufbau alles andere als wunschtraumhaft: In jeder Alterskohorte fordern Krankheit, Leiden und Tod ihren Tribut. Am stärksten davon betroffen sind die Neugeborenen und Kleinkinder. Tränen, Kummer und Sorgen sind ein steter Lebensbegleiter. Unter diesen Umständen ist ein solcher Altersaufbau nur möglich, wenn eine vergleichsweise hohe Geburtlichkeit mit einer vergleichsweise niedrigen Lebenserwartung bzw. hohen Sterblichkeit einhergehen. Aufgrund dessen, dass für beide Geschlechter das Medianalter von 23 Jahren bei den männlichen Personen bzw. 24 Jahren bei den weiblichen Personen jeweils unter dem Durchschnittsalter von 27 Jahren bzw. 28 Jahren liegt, sind links steile bzw. recht schiefe geschlechtsspezifische Altersverteilungen angezeigt, die aus methodischer Sicht als ein charakteristisches Indiz für eine erweiterte Bevölkerungsreproduktion angesehen werden können. Bemerkenswert ist zudem, dass sich im Jahre 1910 gemäß der damals gültigen Mortalitätsverhältnisse die mittlere ferne Lebenserwartung eines lebend geborenen Knaben auf 57 Jahre und die eines lebend geborenen Mädchens auf 59 Jahre belief. In logischer Konsequenz wird aufgrund der gegebenen Mortalitätsverhältnisse im skizzierten Altersaufbau ab dem 40. Altersjahr bei der weiblichen Bevölkerung ein Frauenüberschuss angezeigt. Demgegenüber ist bis zum 40. Altersjahr (gewissermaßen als ein „naturgegebenes Gegengewicht“ gemäß der SÜßMILCHschen Sexualproportion) ein schwach ausgeprägter Männerüberschuss zu erkennen. Schließlich und endlich gelangt man zu einer vor allem aus statistisch-methodischer Sicht interessanten und leicht nachvollziehbaren Erkenntnis, wenn man die Abbildung 8-31 etwa mit der Abbildung 7-14 vergleicht, die den Altersaufbau der deutschen Bevölkerung im Jahr 2103 zum Inhalt hat, den man bei Annahme einer erweiterten Bevölkerungsreproduktion und unter Beibehaltung der Mortalitätsverhältnisse von 2003 hypothetisch zu erwarten hätte. Da offensichtlich beide Altersaufbaue wohl ähnlich, aber nicht kongruent sind, kann man bereits auf bloßem grafischem Wege nachvollziehen, dass sich die Absterbeordnung der deutschen Bevölkerung im Zeithorizont von einem knappen Jahrhundert augenscheinlich verändert hat. Bei beiden Geschlechtern zugleich ist die lineare Absterbeordnung im Jahr 1910 in eine nichtlineare Absterbeordnung mit einem konvexen Verlauf im Jahr 2003 übergegangen, die letztlich im Jahrhundertvergleich gemäß dem Methusalem-Phänomen in einer schier unglaublichen Erhöhung der Lebenserwartung um nahezu 25 Jahre bei beiden Geschlechtern mündet.

Methusalem-Phänomen. Fasst man der Einfachheit halber einmal ein viertel Jahrhundert als die Zeitspanne auf, in der eine Kindergeneration zu einer Elterngeneration heranwächst, dann würde gemäß dem Methusalem-Phänomen ein Lebenserwartungszuwachs von 25 Jahren bedeuten, dass eine Generation von Kindern zugleich den unwägbaren Schatz von Lebenserfahrungen und Lebensweisheiten einer Eltern-, Großeltern- und Urgroßeltern-Generation auf den Lebensweg mitnehmen könnte, vom milliardenschweren materiellen und finanziellen Erbe allein der heutigen Erbengeneration einmal abgesehen. Die unabdingbare Voraussetzung dafür, dass sowohl das von Lebenserfahrung und Lebensweisheit getragene ideelle Erbe als auch das materielle Erbe, das im heutigen Deutschland bereits astronomisch anmutende Dimensionen angenommen hat, bei einer Kindergeneration Gehör, Wertschätzung und Verwertung finden kann, ist so trivial wie folgenschwer: Diese Kindergeneration muss aber auch geboren worden sein. Bereits im Kontext dieser elementaren und generationsbezogenen Betrachtungen leuchtet es intuitiv ein, dass Deutschlands demografische Anamnese in erster Linie nicht durch eine zunehmende Alterung seiner Bevölkerung, sondern durch die bereits über eine Generation hinaus zu beobachtenden pathologischen Reproduktionsverhältnisse in seiner Bevölkerung zu erklären ist.

Quintessenz. Man mag die Dinge drehen und wenden wie man will, in letzter Instanz lautet die demografische Quintessenz schlicht und einfach: Eine Bevölkerung, die auf lange Sicht nicht in der Lage ist, sich aus eigener Kraft zu reproduzieren, stirbt langsam aus. Eine Immigration auf hohem Niveau ist auch keine Lösung des Problems der tendenziellen Kinderlosigkeit. Wenn die deutsche Gesellschaft von heute und von morgen weiterhin von einer immer stärker um sich greifenden Kinderlosigkeit geprägt und getragen wird, dann wird Germanias Albtraum von den langsam aussterbenden Deutschen unweigerlich zu einer schauervollen Realität werden. Nicht der Umstand, dass gemäß dem Methusalem-Phänomen jede weitere Generation älter sein wird als ihre Vorgängergeneration, sondern vor allem der Umstand, dass ceteris paribus jede weitere Generation zahlenmäßig auch bis zu einem Viertel kleiner sein wird als ihre Vorgängergeneration, ist der beängstigende demografische Befund, der zukünftig und zwangsläufig auch das Miteinander in der deutschen Gesellschaft berühren und grundsätzlich verändern wird. ♣

9 Ein demometrischer Epilog

Albträume. So, wie Germania, die Personifikation Deutschlands, von Albträumen geplagt wird, die sich um die besorgniserregende demografische Situation Deutschlands eingangs des 21. Jahrhundert ranken, so muss vermutlich auch Heinrich HEINE (1797–1856) unter vaterlandsbezogenen Albträumen gelitten haben, wenn er in seinem Gedicht „Nachtgedanken“, dessen oft zitierte erste Strophe auch als Überschrift für das achte Kapitel hätte dienen können, reimte: „Denk ich Deutschland in der Nacht, dann bin ich um den Schlaf gebracht, ich kann nicht mehr die Augen schließen und meine heißen Tränen fließen.“

Epilog. Es scheint eine eigenartige Schizophrenie des heutigen gesellschaftlichen Daseins in Deutschland zu sein, dass eine überwiegende Mehrheit um das demografische Desaster weiß und dennoch nicht wie Germania von quälenden Albträumen oder wie HEINE von besorgniserregenden Nachtgedanken heimgesucht wird, von persönlichen Schlussfolgerungen und Taten einmal ganz zu schweigen. Doch lamentieren hilft auch hier nicht, vermutlich genauso wenig, wie der folgende demometrische Epilog, dessen Prämissen in der Abbildung 9-1 zusammengefasst sind. Die finalen Erwägungen stellen letztlich einen wohlwollenden Versuch dar, interessierte Leser und Studierende nicht nur in die faszinierende Welt und in die exakten Geheimnisse der Statistik zu „entführen“, sondern bei ihnen auch eine gewisse Sensibilität für Germanias Albträume zu wecken.

Abbildung 9-1: Familienplanung

1. Kind	2. Kind	3. Kind	Anzahl Mädchen
K	K	K	0
K	K	M	
K	M	K	1
M	K	K	
K	M	M	
M	K	M	2
M	M	K	
M	M	M	3

$\Omega \rightarrow \mathbf{R}$

Abbildung X: $\Omega \rightarrow \mathbf{R}$ als diskrete Zufallsvariable X, welche die Anzahl X der Mädchen in einer Familie mit drei Kindern beschreibt

Prämissen. Gleichsam wie im dramatischen Theater, in dem zum Ausklang eines Dramas ein Schauspieler aufmunternde Schlussworte an das Publikum richtet, gilt es diese Geschichte zu erzählen, die durchaus als eine professorale Handlungsempfehlung nicht nur für Studierende aufgefasst werden kann und soll: Zwei junge Menschen, sie könnten zum Beispiel Lydia und Patrick oder Katharina und Martin heißen, geben sich zu ihrer Hochzeit das Versprechen, einmal gemeinsam drei Kinder haben zu wollen. Dieses eheliche Versprechen lässt es sinnvoll erscheinen, die folgenden theoretischen Reproduktionsüberlegungen anzustellen: Der Einfachheit halber wird davon ausgegangen, dass der Kinderwunsch durch drei chronologisch ablaufende Einfachgeburten erfüllt wird. Mehrlingsgeburten sind somit ohne Belang.

Zufallsexperiment. Aufgrund dessen, dass eine Geburt in der Regel eine um neun Monate verzögerte Ergebnisoffenbarung ist, leuchtet es ein, nicht die Geburt selbst, sondern den zeitlich vorgelagerten Zeugungsakt als ein Zufallsexperiment zu deuten, das (zumindest theoretisch) beliebig oft (unter möglichst gleichen Bedingungen) wiederholbar und dessen Ausgang in Gestalt eines lebendgeborenen Knaben oder eines lebendgeborenen Mädchens unbestimmt ist.

Sexualproportion. Deutet man die SÜßMILCHsche Sexualproportion, wonach gemäß Abbildung 4-3 zur Zeit in Deutschland 1055 Knaben gegen 1000 Mädchen das Licht der Welt erblicken, als eine Chance von 1055 zu 1000 für eine Knabengeburt, so beträgt die Wahrscheinlichkeit für eine Knabengeburt $1055/(1055 + 1000) \approx 0{,}5134$ und in logischer Konsequenz die Wahrscheinlichkeit für eine Mädchengeburt $1000/(1055 + 1000) \approx 0{,}4866$. Aufgrund dessen, dass bei einer Einfachgeburt entweder nur ein Knabe oder ein Mädchen geboren werden kann und dass ein gemeinsames Eintreten der Geburtsergebnisse „Knabe und Mädchen" bei einer Einfachgeburt unmöglich ist, kennzeichnet man die Geburt eines Knaben bzw. eines Mädchens bei einer Einfachgeburt als zwei sich gegenseitig ausschließende zufällige Ereignisse. Gemäß dem KOLMOGOROVschen Additionsaxiom ist die Wahrscheinlichkeit dafür, dass entweder das zufällige Ereignis „Knabe" oder „Mädchen" bei einer Einfachgeburt eintritt, gleich der Summe der Einzelwahrscheinlichkeiten, wobei $0{,}5134 + 0{,}4866 = 1$ gilt. Dies ist gemäß dem KOLMOGOROVschen Normierungsaxiom die Wahrscheinlichkeit für das sogenannte sichere Ereignis, das stets die Wahrscheinlichkeit eins besitzt. Es ist demnach sicher, dass bei einer Einfachgeburt entweder ein Knabe oder ein Mädchen das Licht der Welt erblickt.

Ergebnismenge. Nun wünscht sich das junge Ehepaar drei Kinder. Die Frage, die es jetzt zu beantworten gilt, ist die folgende: Wie viele Knaben-Mädchen-Komplexionen sind bei einer Familie mit drei Kinder theoretisch möglich? In der Abbildung 9-1 sind die insgesamt acht möglichen Knaben-Mädchen-Tripel aufgelistet. Da es bedeutungsvoll ist, ob zum Beispiel das erstgeborene, das zweitgeborene oder das drittgeborene Kind ein Knabe oder ein Mädchen ist, und aufgrund dessen, dass eine Geschlechterwiederholung nicht nur möglich, sondern im konkreten Fall sogar gegeben sein muss, kann man mit Hilfe der Kombinatorik zeigen, dass die Anzahl der Knaben-Mädchen-Tripel eine Variation von zwei Elementen (Knabe, Mädchen) zur dritten Klasse (drei mit Kindern besetzte und nummerierte Stühle am Familientisch) mit Wiederholung (von Knaben oder Mädchen bei der Stuhlbesetzung) ist, wobei $2^3 = 8$ gilt. Da eine Familie mit drei Kindern betrachtet wird, bilden die acht Knaben-Mädchen-Tripel ω_1 = KKK, ω_2 = KKM,..., ω_8 = MMM (lies: Klein-Omega) die sogenannte Ergebnismenge $\Omega = \{\omega \mid \omega =$ KKK, KKM,..., MMM$\}$ (lies: Groß-Omega) des interessierenden Zufallsexperiments. Die Ergebnismenge Ω bildet wiederum die Grundlage für das Verständnis des theoretischen Konstrukts einer Zufallsvariable.

Zufallsvariable. Interessiert man sich in Abkehr von der unheiligen Stammhalterdiskussion einmal nicht für die Anzahl der Knaben, sondern für die Anzahl der Mädchen in einer Familie mit drei Kindern, so gelangt man bei der Betrachtung der Ergebnismenge Ω zu einer interessanten und vergleichsweise einfachen Funktion, die gemäß Abbildung 9-1 mit X bezeichnet wird und jedem Knaben-Mädchen-Tripel $\omega \in \Omega$ eine reelle Zahl $X(\omega) \in \mathbf{R}$ derart zuordnet, dass $X: \Omega \rightarrow \mathbf{R}$ und $\omega \rightarrow X(\omega) \in \mathbf{R}$ gilt. **R** bezeichnet dabei die Menge der reellen Zahlen, worin die Menge der natürlichen Zahlen $\mathbf{N} = \{1, 2, 3,...\}$ und die Zahl 0 eingeschlossen sind. Diese reellwertige Funktion X auf Ω, die im konkreten Fall die Anzahl der Mädchen in einer Familie mit drei Kindern beschreibt und hinsichtlich der interessierenden Anzahl der Mädchen „variabel" ist, wird in der Stochastik als Zufallsvariable bezeichnet. Dabei bilden die Ergebnismenge Ω den Definitionsbereich und die Menge der reellen Zahlen **R** den Wertebereich der reellwertigen Funktion bzw. Zufallsvariable X. Aufgrund dessen, dass eine Familie mit drei Kindern betrachtet wird und die Zufallsvariable X, welche die Anzahl der Mädchen in einer Familie mit drei Kindern beschreibt, nur die Werte bzw. Realisationen 0, 1, 2 oder 3 zufallsbedingt annehmen kann, kennzeichnet man die Zufallsvariable X als eine diskrete Zufallsvariable.

Ereigniswahrscheinlichkeiten. Allerdings ist das mathematische Konstrukt einer Zufallsvariable zur Beschreibung von zufälligen Ereignissen nur dann von praktischem Interesse, wenn es gelingt, die Zufallsvariable durch ihre Wahrscheinlichkeitsverteilung zu charakterisieren. Die Wahrscheinlichkeitsverteilung für die diskrete Zufallsvariable X mit ihren vier möglichen (und ganzzahligen) Realisationen $X = k$ ($k = 0,1,2,3$) kann man sich anhand der folgenden Überlegungen recht leicht und einleuchtend herleiten:

Kein Mädchen. Bezeichnet $\{X = 0\}$ das zufällige Ereignis, dass in einer Familie mit drei Kindern kein Mädchen vorkommt, so tritt im Sinne der Familienplanung offensichtlich das Ergebnis ω_1 = KKK ein, das in seiner Darstellung als einelementige Tripelmenge $\{X = 0\} = \{KKK\}$ als ein zufälliges Ereignis gedeutet wird, das darin besteht, dass sowohl das erstgeborene als auch das zweitgeborene als auch das drittgeborene Kind ein Knabe ist, also letztlich $\{KKK\} = \{K\} \cap \{K\} \cap \{K\}$ gilt. Da man zumindest intuitiv nachvollziehen kann, dass die drei sequentiellen Zeugungsakte mit dem zufallsbedingten Ergebnis $\omega_1 = KKK$ voneinander unabhängig ablaufen, kann man zeigen, dass gemäß dem Multiplikationstheorem für stochastisch unabhängige zufällige Ereignisse die Wahrscheinlichkeit dafür, dass das zufällige Ereignis $\{X = 0\} = \{KKK\}$ eintritt, $P(X = 0) = P(\{KKK\}) = P(\{K\})\cdot P(\{K\})\cdot P(\{K\})$ ist. Aufgrund der Annahme, dass gemäß der SÜßMILCHschen Sexualproportion die Wahrscheinlichkeit für eine Knabengeburt $P(\{K\}) = 1055/(1055 + 1000) \approx 0{,}5134$ ist, berechnet man für das zufällige Ereignis $\{X = 0\}$, dass in einer Familie mit drei Kindern kein Mädchen vorkommt, eine Wahrscheinlichkeit von $P(X = 0) = 0{,}5134\cdot 0{,}5134\cdot 0{,}5134 = (0{,}5134)^3 \approx 0{,}1353$.

Ein Mädchen. Analoge Überlegungen kann man zum Beispiel hinsichtlich des zufälligen Ereignisses $\{X = 1\}$ anstellen, das gemäß Abbildung 9-1 darin besteht, dass in einer Familie mit drei Kindern genau ein Mädchen vorkommt. Offensichtlich tritt das interessierende zufällige Ereignis $\{X = 1\}$ mit einem der drei Knaben-Mädchen-Tripel KKM, KMK oder MKK ein, wobei aus ereignistheoretischer Sicht $\{X = 1\} = \{KKM\} \cup \{KMK\} \cup \{MKK\}$ und $\{KKM\} \cap \{KMK\} = \{\} = \varnothing$ bzw. $\{KKM\} \cap \{MKK\} = \{\} = \varnothing$ bzw. $\{KMK\} \cap \{MKK\} = \{\} = \varnothing$ gilt. Aufgrund dessen, dass in Anlehnung an die SÜßMILCHsche Sexualproportion die Wahrscheinlichkeit für eine Knabengeburt $P(\{K\}) = 1055/(1055 + 1000) \approx 0{,}5134$ und für eine Mädchengeburt $P(\{M\}) = 1000/(1055 + 1000) \approx 0{,}4866 = 1 - 0{,}5134$ beträgt und sich die drei Knaben-Mädchen-Tripel paarweise gegenseitig ausschließen, also ihre Schnittmenge jeweils eine leere Menge $\varnothing$ ist, berechnet man unter Anwendung des Multiplikationstheorems für stochastisch unabhängige zufällige Ereignisse und des KOLMOGOROVschen Additionsaxioms für das interessierende zufällige Ereignis $\{X = 1\}$ eine Ereigniswahrscheinlichkeit von $P(X = 1) = 0{,}5134\cdot 0{,}5134\cdot 0{,}4866 + 0{,}5134\cdot 0{,}4866\cdot 0{,}5134 + 0{,}4866\cdot 0{,}5134\cdot 0{,}5134 = 3\cdot(0{,}5134)^2\cdot 0{,}4866 \approx 0{,}3848$.

Zwei Mädchen. Hinsichtlich des zufälligen Ereignisses $\{X = 2\}$, das darin besteht, dass eine Familie mit drei Kindern genau zwei Mädchen ihr eigen nennen darf, bestimmt man unter Beachtung der vorhergehenden Betrachtungen die folgende Ereigniswahrscheinlichkeit: $P(X = 2) = 0{,}5134\cdot 0{,}4866\cdot 0{,}4866 + 0{,}4866\cdot 0{,}5134\cdot 0{,}4866 + 0{,}4866\cdot 0{,}4866\cdot 0{,}5134 = 3\cdot 0{,}5134\cdot(0{,}4866)^2 \approx 0{,}3647$.

Drei Mädchen. Schließlich und endlich kann man leicht nachvollziehen, dass für das zufällige Ereignis $\{X = 3\}$, das darin besteht, dass eine Familie mit drei Kindern genau drei Mädchen besitzt, sich eine Wahrscheinlichkeit von $P(X = 3) = 0{,}4866\cdot 0{,}4866\cdot 0{,}4866 = (0{,}4866)^3 \approx 0{,}1152$ ergibt.

Wahrscheinlichkeitsverteilung. Stellt man gemäß Abbildung 9-2 die vier möglichen Realisationen k = 0, 1, 2, 3 der Zufallsvariable X: „Anzahl der Mädchen in einer Familie mit drei Kindern" gemeinsam mit den zugehörigen Wahrscheinlichkeiten P(X = k) in einem Stabdiagramm dar, so hat man eine Vorstellung von dem, was die Statistiker eine Wahrscheinlichkeitsverteilung nennen und damit im konkreten Fall nichts anderes meinen, als die Verteilung der gesamten Wahrscheinlichkeitsmasse „eins" auf die vier möglichen Realisationen der Zufallsvariable X, die hinsichtlich ihres Eintretens stets zufallsbedingt sind.

Abbildung 9-2: Wahrschein.-Verteilung

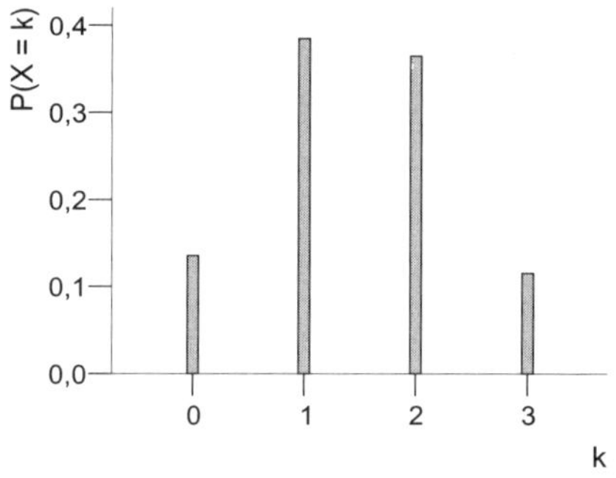

BERNOULLI-Experiment. Der Vollständigkeit halber sei im Kontext der bisherigen Betrachtungen noch erwähnt, dass in der Stochastik das in der Abbildung 9-1 skizzierte Familienplanungsmodell als ein BERNOULLI-Experiment bezeichnet wird.

Binomialverteilung. Das theoretische Verteilungsmodell, das einem BERNOULLI-Experiment zugrunde liegt, firmiert in der Stochastik unter dem Begriff einer Binomialverteilung, deren Wahrscheinlichkeitsfunktion allgemein wie folgt dargestellt werden kann:

$$P(X = k) = \binom{n}{k} \cdot p^k \cdot (1-p)^{n-k} \text{ mit } k = 0, 1, 2, ..., n .$$

Aufgrund dessen, dass eine Binomialverteilung stets durch die zwei Verteilungsparameter „Anzahl n der voneinander unabhängigen Versuche" und „konstante Erfolgswahrscheinlichkeit p" gekennzeichnet ist, gibt es (streng genommen) nicht die Binomialverteilung, sondern (in Abhängigkeit von den jeweiligen Parameterwerten) eine ganze Familie von Binomialverteilungen. Da man das Familienplanungsmodell in der Abbildung 9-1 als ein BERNOULLI-Experiment und das zugrundeliegende diskrete Wahrscheinlichkeitsmodell als eine Binomialverteilung mit den Modellparametern n = 3 voneinander unabhängige Zeugungsversuche mit jeweils konstanter Erfolgswahrscheinlichkeit von p = 0,4866 für das Erfolgsergebnis „Mädchen" auffassen kann, berechnet man zum Beispiel für das zufällige Ereignis {X = 3}, das darin besteht, dass eine Familie mit drei Kindern genau drei Mädchen ihr eigen nennen kann, eine Ereigniswahrscheinlichkeit von

$$P(X = 3) = \binom{3}{3} \cdot 0,4866^3 \cdot (1 - 0,4866)^{3-3} \approx 0,1152 .$$

Diese Wahrscheinlichkeit stimmt mit der bereits berechneten und in der Abbildung 9-2 grafisch dargestellten Ereigniswahrscheinlichkeit überein.

Stammhalterproblem. Des Gleichheitsgrundsatzes wegen sei letztlich noch erwähnt, dass man mittels der skizzierten Überlegungen auch das sogenannte Stammhalterproblem modellieren kann, indem man analog zur Tabelle 9-1 für eine Familie mit einem Kind oder mehreren Kindern die Wahrscheinlichkeit dafür bestimmt, dass wenigstens ein Knabe als „Stammhalter" geboren wird.

Tabelle 9-1: Stammhalterproblem

Kinderanzahl	1	2	3	4	5
Stammhalter-Wahrscheinlichkeit	0,5134	0,7632	0,8848	0,9439	0,9727

Die sogenannte Stammhalter-Wahrscheinlichkeit ist im konkreten Fall nichts anderes als die zum zufälligen Ereignis $\{X = n\}$ gehörende Komplementärwahrscheinlichkeit $1 - P(X = n)$. Das zufällige Ereignis $\{X = n\}$ besteht im betrachteten Fall darin, dass in einer Familie mit n Kindern genau n Mädchen vorkommen. Im Kontext des skizzierten Familienmodells mit n = 3 Kindern berechnet sich die Stammhalter-Wahrscheinlichkeit wie folgt: $1 - P(X = 3) = 1 - 0,1152 = 0,8848$. Für Apologeten der Stammhalterphilosophie ergibt sich aus der Tabelle 9-1 die folgende finale reproduktionstheoretische Aussage: Je größer die Anzahl der Kinder in einer Familie ist, um so höher ist auch die Wahrscheinlichkeit dafür, dass wenigstens ein Knabe als „Stammhalter" geboren wird. Reproduktionspraktische Nullrunden sind gemäß Abbildung 9-3 bei diesem Familienmodell nicht förderlich. Würde man das „Von-der-Leyen-Modell" als Familienplanungsmodell präferieren, dann beliefe sich bei sieben Kindern die Stammhalter- Wahrscheinlichkeit sogar auf $1 - P(X = 7) = 1 - 0,0065 = 0,9935$. Gleichwohl diese Ereigniswahrscheinlichkeit recht hoch ist, gäbe es unter 1000 Familien mit sieben Kindern erwartungsgemäß immerhin noch $0,0065 \cdot 1000 \approx 7$ Familien, bei denen sich bisher partout kein Stammhalter einstellen wollte. In einem solchen Fall bleibt nur die Alternative: entweder weiter experimentieren oder das Familienplanungsmodell als abgeschlossen betrachten.

Abbildung 9-3: Nullrunde

Finale Aussage. Im Prolog zu FAUST, der Tragödie erster Teil, lässt Johann Wolfgang von GOETHE (1749–1832) den Direktor sagen: „Der Worte sind genug gewechselt, lasst mich auch endlich Taten sehen!". Na denn. ♣

Fachbegriffs- und Fremdwörterverzeichnis

ad hoc, lat.: *ad hoc* → für dieses, eigens zu diesem Zweck

Adipositas, lat.: *adipatus* → fettig, medizinisch für Fettsucht

affizieren, lat.: *afficere* → einwirken, medizinisch für krankhaft verändern

Agglomeration, lat.: *agglomerare* → fest anschließen, substantivisch für Zusammenballung

Algorithmus, Anleitung für eine Rechenverfahren, benannt nach dem persischen Mathematiker Al-Chwarizmi

Alimentation, lat.: *alimentum* → Nahrung, allgemein für Gewährung von Lebensunterhalt

Allegorie, grch.: *allegorein* → etwas anders sagen, Sinnbild, bildhaftes Gleichnis

Almanach, mlat.: *almanachus* → bebilderter Kalender bzw. bebildetes Jahrbuch

ambivalent, lat.: *ambo* → beide + *valere* → gelten, adjektivisch für doppelwertig im Hinblick auf Gefühle, zwiespältig

anachronistisch, grch.: *anachronizein* → in eine andere Zeit versetzen, adjektivisch für unzeitgemäß

Anamnese, grch.: *anamnesis* → Rückerinnerung, in der Medizin auch Bezeichnung für die Vorgeschichte einer Krankheit

anthropologisch, grch.: *anthropos* → Mensch + *logos* → Lehre, adjektivisch für menschenkundlich

Apokalypse, grch.: *apokalyptein* → enthüllen, offenbaren, prophetische Schrift über das Weltende

Apologet, grch.: *apologos* → Erzählung, Verteidiger einer Anschauung

Äquidistanz, lat.: *aequus* → gleich + *distantia* → Entfernung, Abstand

Arealität, lat.: *area* → Fläche, Beziehungszahl, reziproke Bevölkerungsdichte

Assoziation, lat.: *ad* → zu + *socius* → Gefährte, Verknüpfung von Vorstellungen

Axiom, grch.: *axioun* → für recht halten, Lehrsatz, den man nicht zu beweisen braucht

Babyboom, engl.: *baby* → Säugling, Kindchen + *boom* → plötzlicher Aufschwung

babylonisch, in Anlehnung an die verwirrende Sprachenvielfalt im alten Babylonien

BERNOULLI-Experiment, Zufallsexperiment mit zwei möglichen Ausgängen, das endlich oft unabhängig voneinander durchgeführt wird und für jeden unabhängigen Versuch eine gleiche Erfolgswahrscheinlichkeit besteht, benannt nach dem schweizerischen Mathematiker Jacob BERNOULLI (1654-1705)

Best Agers, engl.: *best* → bestes + *age* → Alter, Bezeichnung für Personen im besten Alter

Bevölkerungsdichte, Beziehungszahl, wobei zu einem bestimmten Zeitpunkt der Bevölkerungsstand (Angaben in Personen) auf die Katasterfläche (Angaben in km^2) eines geografischen Gebiets bezogen wird

Binomialverteilung, lat: *bis* → zweifach + *nomen* → Name, diskrete Wahrscheinlichkeitsverteilung, auch Zweipunkt- bzw. Zweinamensverteilung genannt

ceteris paribus, lat.: *ceteris paribus* → (wenn) das Übrige gleich (ist), also unter sonst gleichen Bedingungen

Chronologie, lat.: *chronos* → Zeit + *logos* → Lehre, Kunde

Crux, lat.: *crux* → Kreuz, in Anlehnung an die Leiden CHRISTI umgangssprachliche Bezeichnung für eine Last oder eine Bürde

Cursor, engl.: *cursor* → Läufer, bewegliche Bildschirmmarkierung

Dekade, grch.: *dekas* → Menge zu zehn Stück

Dekrement, lat.: *decrementum* → Verminderung, Abnahme

Demografie, grch.: *demos* → Volk + *graphein* → schreiben, Wissenschaft von der Beschreibung der Struktur und der Entwicklung der Bevölkerung eines geografischen Gebiets

Demometrie, grch.: *demos* → Volk + *metron* → Maß, Bezeichnung für die Anwendung mathematisch-statistischer Verfahren in der Demografie

Deskriptive Statistik, lat.: *descriptio* → Beschreibung, beschreibende Statistik

Diabetes, grch.: *diabainein* → hindurchgehen, medizinisch für Zuckerkrankheit

Didaktik, grch.: *didaskein* → lehren, Kunst des Lehrens

Disparität, lat.: *dispar* → ungleich, verschieden, Ungleichheit, Unausgewogenheit

Dreieck-Verteilung, theoretisches Verteilungsmodell zur Beschreibung und Modellierung der Wahrscheinlichkeitsverteilung einer stetigen Zufallsvariable mit einer komplizierten bzw. unbekannten symmetrischen Dichtefunktion

Durchschnittsalter, Lagemaß zur Beschreibung der Altersverteilung einer Bevölkerung, gewogenes arithmetisches Mittel aus den einzelnen Altersjahren und der Anzahl der männlichen bzw. der weiblichen Bevölkerung im jeweiligen Altersjahr

Egotrip, lat.: *ego* → ich + engl.: *trip* → Ausflug, umgangssprachlich für egozentrische Lebenseinstellung

Emigration, lat.: *emigrare* → auswandern, fortziehen

Epilog, grch.: epilogos → Erwägung, Schlussbemerkung

Exitus, lat.: *exitus* → Ausgang, medizinisch für Tod bzw. Todesfall

Feedback, engl.: *feedback* → Rückwirkung, Rückkopplung

fertiles Alter, Alter einer weiblichen Person, festgelegt auf die 30-jährige Fruchtbarkeitszeitspanne zwischen dem Beginn des 15. Lebensjahres und der Vollendung des 44. Lebensjahres

Fertilität, lat.: *fertilis* → die Fruchtbarkeit betreffend

fragil, lat.: *fragilis* → zerbrechlich

Gerontokratie, grch.: *gerontos* → alt, bejahrt + *kratein* → herrschen, Bezeichnung für die Herrschaft der Alten über die Jungen

Histogramm, grch.: *histos* → Gewebe + *gramma* → Zeichnung, klassische Form der grafischen Präsentation der Häufigkeitsverteilung eines stetigen kardinalen (lat.: *cardinalis* → hauptsächlich) und in Klassen zusammengefassten statistischen Erhebungsmerkmals

Hypothek, grch.: *hypotheke* → Unterlage, sinnbildlich für Unterpfand

Illusion, lat.: *illusio* → Täuschung, trügerische Hoffnung

Immigration, lat.: *immigrare* → einwandern, zuziehen

in puncto, lat.: *in puncto* → im Punkte, hinsichtlich

Indiz, lat.: *indicum* → Anzeichen, Beweis

Inkontinenz, lat.: *in* → nicht + *continentia* → Zurückhalten, medizinisch für Unfähigkeit, Harn- oder Stuhlgang zurückzuhalten

Inkrement, lat.: *incrementum* → Wachstum, Zuwachs

interrogativ, lat.: *interrogativus* → fragend

Iteration, lat.: *iterum* → wiederum, immer wieder

Janus, lat.: *ianua* → Tür bzw. *ianus* → Torbogen, altrömischer Gott der Torbögen und Durchgänge, der mit einem Doppelantlitz gleichsam nach innen und nach außen schaut

Kardinalskala, lat.: *cardinalis* → hauptsächlich, höchstwertige Skala in der Statistik

Kartogramm, ital.: *carta* → Papier, Karte + grch.: *gramma* → Schrift, grafische Darstellung statistischer Informationen auf einer Landkarte

Kohorte, lat.: *cohortis* → Gefolge, zehnter Teil einer römischen Legion, in der Bevölkerungsstatistik Bezeichnung für eine sachlich, örtlich und zeitlich wohldefinierte Gruppe von Personen

kolossal, grch.: *kolossos* → riesiges Gebilde

Kombinatorik, lat.: *combinare* → verbinden, verknüpfen, Lehre von der Zusammenstellung und Anordnung von endlich vielen Elementen

komparativ, lat.: *comparativus* → vergleichend, substantivisch für erste Steigerungsstufe

komplementär, lat.: *complementum* → Ergänzungsmittel, adjektivisch für ergänzend, entgegengesetzt

Komplexion, lat.: *complexio* → Verknüpfung, Zusammenstellung

kongruent, lat.: *congruens* → übereinstimmend, deckungsgleich

Kontrazeptivum, lat.: *contra* → gegen + *capere* → fassen, ergreifen, Bezeichnung für ein Empfängnisverhütungsmittel

konvex, lat.: *convexus* → (nach außen) gewölbt bzw. gekrümmt

Kukidents, Bezeichnung für ältere Personen, die ihre zweiten Zähne mit dem Gebissreiniger „Kukident" pflegen

Medianalter, lat.: *medianus* → in der Mitte befindlich, Lagemaß zur Beschreibung der Altersverteilung einer Bevölkerung, kennzeichnet den Alterswert, der die Bevölkerung in Hälften gliedert

Metapher, grch.: *metapherein* → übertragen, bildlicher Ausdruck in übertragenem Sinne

Meteorologie, grch.: *meteoron* → Himmels- bzw. Wettererscheinung + *logos* → Lehre

METHUSALEM-Phänomen, Umstand, wonach in Anlehnung an den sehr alt gewordenen biblischen Urvater METHUSALEM die Menschen immer älter werden

Migration, lat.: *migratio* → Wanderung

modales Alter, Lagemaß zur Beschreibung der Altersverteilung einer Bevölkerung, das modale Alter kennzeichnet den Alterswert, der in einer Bevölkerung am häufigsten beobachtet wird

Modus, lat.: *modus* → Art und Weise, Bezeichnung für die am häufigsten beobachtete Merkmalsausprägung eines statistischen Erhebungsmerkmals

morphologisch, grch.: *morphe* → Gestalt + *logos* → Lehre, Kunde, adjektivisch: die Gestalt bzw. die Form betreffend

Mortalität, lat.: *mortalis* → den Tod betreffend

Mythologie, grch.: *mythos* → Erzählung + *logos* → Lehre, Lehre von den Mythen eines Volkes

Natalität, lat.: *natalis* → die Geburt betreffend

Noticia politica vulgo statistica, lat.: *noticia* → Kunde, Kenntnis, Aufzeichnung + *politicus* → den Staat betreffend + *vulgo* → gemeinhin, allgemein + *statisticus* → den Zustand betreffend

obsessiv, lat.: *obsessio* → Einschließung, Blockierung, adjektivisch für zwanghaft

Oszillation, lat.: *oscillare* → schwingen

PARETO-Diagramm, grafische Darstellungsform einer (meist absteigend) geordneten Häufigkeitstabelle eines nominalen Erhebungsmerkmals, benannt nach dem italienischen Nationalökonomen und Statistiker Vilfredo PARETO (1848 – 1923)

Parität, lat.: *paritas* → Gleichheit

pathologisch, grch.: *pathos* → Leiden, Krankheit + *logos* → Lehre, Kunde, umgangssprachlich für krankhaft

per se, lat.: *per* → durch + *se* → sich, an sich bzw. von selbst

perinatal, grch.: *peri* → um, herum + lat.: *natalis* → die Geburt betreffend, medizinisch für den Zeitraum, der sich auf eine Geburt bezieht

Polygonzug, grch.: *polys* → viel + *gonia* → Winkel, grafische Darstellung eines Prozesses, der zu bestimmten Zeitpunkten bzw. Zeitintervallen erfasst wurde

Population, lat.: *populus* → Volk, frz.: *population* → Bevölkerung

Prognose, grch.: *pro* → vor + *gnosis* → Erkenntnis bzw. *prognosis* → das „Vorherwissen“, Szenario als Beschreibung einer Abfolge von möglichen bzw. zukünftigen Ereignissen

Projektion, lat.: proicere → etwas vorwärts werfen, sinnbildlich: vergrößerte Abbildung

Proximität, lat.: *proximus* → der Nächste, Abstandsziffer, misst für eine Bevölkerung eines geografischen Gebiets den mittleren Abstand bzw. die durchschnittliche Nähe einer Person zu einer anderen Person

Quintessenz, lat.: *quinta essentia* → das fünfte Seiende, umgangssprachlich für das Wesen einer Sache

Rate, Verhältniszahl, bei der die absolute Häufigkeit eines Ereignisses in einem bestimmten Zeitraum auf die mittlere Anzahl der statistischen Einheiten bezogen wird, die in diesem Zeitraum dem Risiko des Ereignisses ausgesetzt waren

reziprok, lat.: *reciprocus* → auf der selben Bahn zurückkehrend, umgekehrt

Schizophrenie, grch: *schizein* → spalten + *phren* → Seele, Bewusstseinsspaltung

Semantik, grch.: *semantikos* → bezeichnend, bedeutend, Lehre von der Bedeutung der Wörter

Senior, lat.: *senior* → älter, der Ältere

Sequenzdiagramm, lat.: *sequentia* → Reihe, Folge + grch.: *diagramma* → Zeichnung, übliche Form der grafischen Darstellung einer Zeitreihe

Sexualproportion, lat.: *sexus* → Geschlecht + *proportio* → Verhältnis, Quotient aus der Anzahl lebend geborener Knaben und der Anzahl lebend geborener Mädchen eines Geburtsjahrganges

SIMPSON-Verteilung, siehe Dreieck-Verteilung

Simulationsmodell, lat.: *simulatio* → Nachahmung + *Modell* → Muster

stationär, lat.: *statio* → Stillstand, adjektivisch: stillstehend, zeitlich unveränderlich

Status quo, lat.: *status quo* → gegenwärtiger Zustand

Stochastik, grch.: *stochastikos* → im Erraten geschickt sein, wird auch als die „Kunst des geschickten Vermutens“ bezeichnet. Ihr Kernstück ist die Wahrscheinlichkeitsrechnung.

subsumieren, lat.: *sub* → unter + *sumere* → nehmen, begrifflich für einordnen, unterordnen bzw. zusammenfassen

Suppositorium, lat.: *supponere* → darunter stellen, medizinisch für Zäpfchen

Theorem, grch.: *theorema* → Lehrsatz, Regel

tradieren, lat.: *tradere* → überliefern, adjektivisch für traditionell bzw. gewohnheitsmäßig

Tripel, lat.: *triplex* → dreifach

Triptychon, grch.: *triptychos* → dreischichtig, Bezeichnung für drei bewegliche und miteinander verbundene Tafel- bzw. Altargemälde

trivial, lat.: *trivialis* → gewöhnlich, ohne wertvollen Gehalt, allgemein bekannt

Troika, russ.: *тройка* → Dreier, Bezeichnung für ein Gespann aus drei Pferden

virtuell, frz.: *virtuel* → wirkungsfähig, scheinbar

Wahrscheinlichkeit, reellwertiges Maß für den Grad der Gewissheit bzw. der Ungewissheit des Eintretens eines zufälligen Ereignisses, das Wahrscheinlichkeitsmaß kann gemäß der drei KOLMOGOROVschen Axiome stets nur Werte zwischen null und eins annehmen

Whoopies, engl.: *well off* → begütert, gut dran + *old* → alt + *people* → Person, Bezeichnung für begüterte und alte Menschen, die noch „gut drauf sind“

Zensus, lat.: *census* → Schätzung

zynisch, grch.: *kynikos* → hündisch, bissig, umgangssprachlich für spöttisch ♣

Ausgewählte Veröffentlichungen im Rainer Hampp Verlag

Wilhelm Schmeisser · Thomas Hecker: **Strategien von Futures und Options – zur Absicherung von Finanzvermögen und Währungsrisiken**

Finanzwirtschaft – Finanzdienstleistungen – Empirische Wirtschaftsforschung,
hrsg. von W. Schmeisser, H. Zündorf, P. Eckstein, Band 1
ISBN 3-87988-970-8, Rainer Hampp Verlag, München und Mering 2005, 110 S., € 17.80

Im Rahmen eines Forschungsprojektes werden zum Charakter derivativer Instrumente als Mittel zum Transfer von Risiken Futures und Swaps sowie Options insbesondere unter dem Blickwinkel von Strategien zur Absicherung von Finanzvermögen und Währungsrisiken international agierender Unternehmen untersucht. Dabei werden die dargestellten Strategien jeweils anhand tatsächlicher, zum Zeitpunkt des Entstehens aktueller Kurse exemplifiziert. Darauf aufbauend, werden die Hedging-Strategien der 30 DAX-Unternehmen anhand öffentlich zugänglicher Daten untersucht und ausgewertet.
Auf finanzmathematische, handels- und steuerrechtliche Einzelheiten wird – dem Charakter dieses Forschungsprojektes entsprechend – nur insofern eingegangen werden, wie diese zum grundlegenden Verständnis der Strategien erforderlich sind.
Die Verordnung (EC) No. 1606/2002 des Europäischen Parlamentes und des Europäischen Rates verpflichtet alle kapitalmarktorientierten Unternehmungen mit Sitz in der EU, ihre Konzernabschlüsse für alle ab dem 01.01.2005 beginnenden Geschäftsjahre nach den International Financial Reporting Standards (IFRS) aufzustellen. Die Bilanzierung derivativer Instrumente in den Konzernabschlüssen nach IFRS unterscheidet sich wesentlich von der nach dem deutschen Bilanzrecht: Nach IAS 39 (Financial Instruments: Recognition and Measurement) sind derivative Instrumente mit ihren Kursen (Fair Market Value) zum Bilanzstichtag zu bewerten, während nach deutschem Recht das Imparitätsprinzip zu beachten ist.
Das International Accounting Standards Board (IASB) hat am 31. März 2004 die im Dezember 2003 veröffentlichte, überarbeitete Version des IAS 39 nochmals modifiziert, was auf die Bilanzierung ab 01.01.2005 von Einfluss ist. Der IAS 39 ist im November 2004 von der EU-Kommission im Rahmen des Anerkennungsverfahrens (Endorsement) nur mit wesentlichen Einschränkungen („Carve-outs") übernommen worden.

Schlüsselwörter: Optionen, Futures, Hedging-Strategien, fortgeschrittene Optionskombinationen, Währungsabsicherungsinstrumente, Wechselkurssicherungsinstrumente

Wilhelm Schmeisser, André Meyer, Thomas Waldhart: **Erfolgsfaktoren und Strategien international agierender Unternehmen im deutschen Einzelhandel. Eine empirische Branchenanalyse anhand des Porter-Ansatzes**

Schriften zum Internationalen Management, hrsg. von Thomas R. Hummel, Band 10
ISBN 3-87988-927-9, Rainer Hampp Verlag, München und Mering 2005, 239 S., € 24.80

Durch eine Untersuchung von vier ausgewählten Unternehmen (ALDI, LIDL, IKEA, INDITEX) wird herausgearbeitet, welche Faktoren und Strategien ihren derzeitigen nationalen und internationalen Erfolg begründen. Eine fundierte Betrachtung der Unternehmen bedarf einer vorausgehenden, umfassenden und strukturierten Analyse der Branche und deren einzelner Segmente. Die Erarbeitung der Branchenanalyse erfolgt deshalb auf der Systematik des Porter-Ansatzes. Dazu werden die für eine Branchenanalyse des Einzelhandels zweckmäßigen Kriterien identifiziert und beschrieben. Nach der empirischen Untersuchung wird eine Konzeption eines Strategiemodells für den international agierenden Einzelhandel entwickelt.

Wilhelm Schmeisser, Carola Mauksch, Falko Schindler: **Ausgewählte Verfahren zur Analyse und Steuerung von Risiken im Kreditgeschäft. Unter Berücksichtigung der neuen Anforderungen Basel II und MaK am praktischen Beispiel aus der Kreditwirtschaft**

Finanzwirtschaft, Finanzdienstleistungen, Empirische Wirtschaftsforschung,
hrsg. von Wilhelm Schmeisser · Horst Zündorf · Peter Eckstein, Band 2
ISBN 3-87988-984-8, Rainer Hampp Verlag, München und Mering 2005, 164 S., € 22.80

Das Kreditgeschäft spielt seit jeher eine herausragende Rolle für den Erfolg der Banken. Dieser Bereich liefert traditionell die höchsten Werterlöse. Deshalb ist es auch nicht verwunderlich, dass die Banken ihre Kreditpositionen zunehmend ausbauten und diese mithin den größten Posten in ihrer Bilanz einnehmen. Doch damit wurden die Risiken in den Kreditinstituten auf ein bisweilen erschreckend hohes Maß ausgeweitet. Die Folge waren hohe Wertberichtigungen und Verluste. Innerhalb der letzten vierzig Jahre sind in der Bundesrepublik annähernd hundert private Banken aufgrund zunehmender Kreditverluste insolvent geworden. Bedingt durch die geschilderte Entwicklung im Bankenbereich ist das Kreditrisiko nicht nur in den Fokus der Kreditinstitute, sondern auch der Aufsichtsbehörden gerückt. Aus diesem Grunde stellt das Buch die neuen Anforderungen der Aufsichtsbehörden an das Kreditgeschäft der Kreditinstitute (Basel II und MaK) vor und konzentriert sich dabei auf das mit einer Kreditvergabe verbundene Bonitätsrisiko. Es wird analysiert, inwieweit Auswirkungen auf die Systeme der Risikoanalyse und -steuerung in Kreditinstituten zu erwarten sind.
Ziel des Buches ist die Beantwortung der Frage, mit welchen Verfahren ein Kreditinstitut die Risiken im Kreditgeschäft identifizieren und quantifizieren kann. Darauf aufbauend wird untersucht, wie die Risiken im Kreditzins in Form einer risikoadjustierten Kreditkondition abgebildet werden können. Eine mögliche praktische Umsetzung wird am Beispiel der Sparkassenorganisation diskutiert.

Wilhelm Schmeisser, Maik Leonhardt: **Asset-Backed-Securities-Transaktionen als Finanzierungsalternative für den deutschen Mittelstand**

Finanzwirtschaft, Finanzdienstleistungen, Empirische Wirtschaftsforschung,
hrsg. von Wilhelm Schmeisser · Horst Zündorf · Peter Eckstein, Band 3
ISBN 3-86618-X, Rainer Hampp Verlag, München und Mering 2006, 137 S., € 22.80

ABS-Transaktionen können eine Finanzierungsalternative für den Mittelstand sein.
Grundsätzlich können ABS-Transaktionen unter Berücksichtigung bilanzrechtlicher Erfordernisse neben ihrer reinen Finanzierungsfunktion einige positive Nebeneffekte hervorrufen. Diese Nebeneffekte können insbesondere vor dem Hintergrund mittelstandsspezifischer Problembereiche von erheblicher Bedeutung sein, obgleich sie nicht genau zu beziffern sind.
Mittelständler können ihre Finanzierungsquellen diversifizieren und die Abhängigkeit von der Finanzierung mittels Bankkrediten reduzieren. Da Mittelständler zum Großteil dem Non-Investment-Grade angehören, sind durch direkte und indirekte Effekte von Basel II, für jene Unternehmen Kreditzinserhöhungen zu erwarten. Durch die Verbesserung von Bilanzrelationen, wird sich in der Regel die Ratingbewertung durch Banken verbessern, was wiederum einen Effekt niedrigerer gewährter Kreditzinsen nach sich zieht.
ABS-Transaktionen sind von besonderer Bedeutung, da sie den Grad der Unabhängigkeit eines Mittelständlers nicht beeinflussen. Dem entgegen steht die Komplexität dieser Finanzierungsvariante im Vergleich zur üblichen Bankfinanzierung, derer sich ein Mittelständler von vornherein bewusst sein muss. Weiterhin kann die Vorteilhaftigkeit der Finanzierungskosten einer ABS-Transaktion im Vergleich zu anderen Finanzierungsformen nicht pauschal beantwortet werden.